낮의 뜬 달

시인의 말

시인이 바라보던 세상

무색무취의 시인의 모습에는
헤아리지 못할 오색찬란한 꿈이 있었다
향유하지 못할 아픔만이 가득하였다
글을 써 내려가며 눈물로 글을 적시고
형형색색의 인간들의 모습은
내가 죽기만을 바라는 이 세상 모든 것은
나의 거울이었다

차례

005 ——— 시인의 말

1부 사랑

018 ——— 사유(思惟)
019 ——— 사랑(愛)
020 ——— 아지야 아지야
022 ——— 목련꽃의 미소
024 ——— 사랑의 반창고
026 ——— 잠든 너의 이마에 입을 맞추다
027 ——— 중경삼림(重慶森林)
028 ——— 장미꽃 한 송이
029 ——— 그 시절 행복했던 순간들
030 ——— 아프거든
031 ——— 비의 그녀
032 ——— 그대 내 곁에
033 ——— 자그마한 손을 모아
034 ——— 무너진 가슴아
035 ——— 떠나는 꽃에게
036 ——— 가슴 시린 사랑
037 ——— 잊지 못할 그 사람
038 ——— 사랑의

039 —— 눈물의
040 —— 금빛 비가 쏟아지는 날에
042 —— 연인
043 —— 아시나요
044 —— 20230512
045 —— 불꽃 잎
046 —— 달나라
047 —— 검푸른 은하수
048 —— 사랑이란
049 —— 사랑과 슬픔으로
050 —— 꽃의 사랑(愛)
051 —— 식다

2부 평화

054 —— 웃음을 담다
055 —— 민들레 꽃
056 —— 술과 달
057 —— 봄날의 봄꽃아 머물러 다오
058 —— 겨울을 품에 안다
059 —— 꿈의 나라로 가는 길
060 —— 고깃집
062 —— 벽화
063 —— 청계산의 겨울
064 —— 옛 사람
065 —— 설산(雪山)

066	——	소주
068	——	광장시장
070	——	어느 아리따운 아가씨
072	——	토마토 스파게티
073	——	해를 품은 고양이
074	——	저녁의 한바탕
075	——	꿈의 어둠
076	——	바다 위의 별
077	——	명상
078	——	아무도 없는 그곳으로
079	——	도로 위 풍경들
080	——	항포지의 밤
081	——	양치기 소년

3부 윤회

084	——	얼룩
085	——	장난
086	——	순환의 고리
087	——	홀딱 벗은 원숭이
088	——	길고 좁고 보이지 않는 터널
089	——	아버지
090	——	환영의 화원
091	——	연기처럼
092	——	깨달음의 적빛
093	——	허풍쟁이

094 ── 그릇
095 ── 소멸(消滅)
096 ── 과거(過去)
097 ── 무제(無題)
098 ── 너에게 물었다
099 ── 다른 공간의 같은 날 너와 나
100 ── 짧은 것은 없다고 하니 그렇다고 하니
101 ── 무명의 화가
102 ── 맑은 정신
103 ── 바람
104 ── 허무(虛無)
105 ── 빛의 파동
106 ── 인이다
108 ── 달과 사람

4부 순리

110 ── 지나가는 것에 의연하게
111 ── 달을 피하고 싶어서
112 ── 시계탑
113 ── 비밀
114 ── 동쪽하늘
115 ── 뜨거운 여름
116 ── 어쩌다 마주치며
117 ── 애저녁의 허상(虛想)
118 ── 새로움

119 ── 운석의 충돌
120 ── 번지며 물들이며
121 ── 아마 알았더라면
122 ── 사월의 십육일
123 ── 거짓의 미학
124 ── 계곡의 과거
125 ── 달도 그렇듯이
126 ── 모순의 쪽지
127 ── 재미있는 인생이어라
128 ── 잊고 지내는 것
129 ── 희비

5부 고독

132 ── 생각의 늪
133 ── 목이 마른 사내
134 ── 어두컴컴한 크리스마스
135 ── 적잖이 조용한 밤일세
136 ── 꼬마아이
137 ── 고독
138 ── 노을의 달
139 ── 이방인
140 ── 조용한 감옥
141 ── 밤의 불청객
142 ── 몽유병
143 ── 조용한 방에서 조용한 잠에 깨어

144 ── 고독의 노래
145 ── 거친 모습의 사내
146 ── 열차 안의
147 ── 하염없이
148 ── 고독한 사내
149 ── 비천의 새벽
150 ── 죽어가는 작은 세포

6부 존재

154 ── 하품
155 ── 가시나무
156 ── 전갈자리
157 ── 3초간의 웃음
158 ── 이 새벽을 밝히는 소리
159 ── 홀로 있지 않다는 게 어색할 때가 있어
160 ── 적색왜성(赤色矮星)
161 ── 내게 남겨진 희망
162 ── 검은 고르덴
163 ── 우산
164 ── 나
165 ── 제목 미상
166 ── 잃어버리다
167 ── 빛의 시위
168 ── 음악이 위로하며
169 ── 거울에 비친 나의 모습

170 ——— 작은 생명
171 ——— 좋은 사람
172 ——— 걷고 있다
174 ——— 나에게 건네는 말
175 ——— 별천지 뒷동산에

7부

의미

178 ——— 시야의 새
180 ——— 저만치 갔는데도
181 ——— 손이 이쁜 남자
182 ——— 새끼손가락
183 ——— 미인(美人)
184 ——— 미인(美人)
185 ——— 황홀경
186 ——— 집
187 ——— 깊은 잠
188 ——— 찰나의 순간을 잊지 못해 마주하다
189 ——— 나
190 ——— 걸어가는 길
192 ——— 분홍비
193 ——— 땅따먹기
194 ——— 일기장
196 ——— 사람 사람 사람
197 ——— 우주의 목소리
198 ——— 목 넘김

	199 ——	놀이터의 그네
	200 ——	서울의 삶
	201 ——	무쓸모
	202 ——	요정의 날갯짓
	204 ——	이토록 화석 같은 발자국은 없었다
	205 ——	회고록(回顧錄)

8부

슬픔

208 ——	연민의 피날레
209 ——	정사(情事)
210 ——	기억상실증
211 ——	나비
212 ——	후유증
213 ——	가난이라는 누명
214 ——	뒷동산 여행
216 ——	적에게 삼켜진 눈물
217 ——	젖은 새벽에 드리우는 물방울
218 ——	철쭉 지는 날
219 ——	흩어져 간다
220 ——	애잔한 목소리의 그대
222 ——	좋지 않아서
223 ——	눈물 한 방울
224 ——	아무 말도 없이 우두커니
225 ——	감기
226 ——	주머니에 넣어둔 고기조각

	228 ——	애기님
	229 ——	연꽃의 저주
	230 ——	거리의 춤꾼
	231 ——	절제된 아름다움
	232 ——	엉덩이 춤을 춰요
	233 ——	꿈에

9부

삶

236 ——	백단향
237 ——	무제(無題)
238 ——	폐림지
239 ——	인과 연
240 ——	음력
241 ——	자연의 섭리
242 ——	스물여섯의 사내
243 ——	사무치는 기억에 나를 잊었노라
244 ——	보라색
245 ——	삶의 무의미
246 ——	한 맺힌 노래
247 ——	담담하게
248 ——	내 생의 가장 아름다운 순간
249 ——	멸망의 세계
250 ——	너라도 살거라
251 ——	삶이라는 것은
252 ——	섬의 꽃

253 —— 사계(四季)
254 —— 무지개의 변론
255 —— 쪼개진 틈 사이로

10부 죽음

258 —— 타들어 가는 바람
259 —— 러시안 룰렛
260 —— 독기
261 —— 인간모습
262 —— 인간이라…
263 —— 미몽(迷夢)
264 —— 죽음
265 —— 사랑하는 이를 보내는 시
266 —— 부귀영화(富貴榮華)
267 —— 사진 한 장
268 —— 여행길
269 —— 삶과 죽음
270 —— 죽어진 그림자
271 —— 머물다 간 영혼들
272 —— 환향(還鄕)
273 —— 여운
274 —— 새싹
275 —— 잠시(暫時)

1부

사
랑

사유(思惟)

풀잎은 미소를 머금고

태초의 사랑은

어머니가 이끌고

그녀의 사랑에 아픔을 머금고

사랑(愛)

아프고 아프다만
지치고 지쳤어도

사랑한다 말 한마디가

나를 일으켜 세웠구나

아지야 아지야

이쁜 내 새끼
나의 이쁜 강아지

집 나간 내가 들어오면 한없이
꼬리가 부러지듯 흔들어 대며

안아 달라 두 발 번쩍 일어나
반기며 한없이 사랑스럽네

너의 눈동자는
언제나 나의 눈동자와 마주하고
고개 아픈 줄 모르고 고개 치켜들며

내 얼굴에 침 범벅
내 마음에 위로로 범벅 하네

아지야 아지야

이쁜 내 새끼
나의 이쁜 강아지야

나의 동생아 나의 아들아
한없이 사랑한단다

너가 나를 사랑하듯
나도 너를 사랑한단다

목련꽃의 미소

새하얀 미소로
꽃을 피우는 목련
3월에 개화하여

너의 평생을
내게 보여 주는 고귀함

아른한 미소로 활짝 피어
봄날의 공기를 향기로 바꾸어 버리네

아직은 이른 추운 공기에
너의 새하얀 미소가

내 입가에 미소를 번지게 해 주네
나의 미소는 아른한 미소

너라는 목련이 번져 만든

아른한 미소

고귀한 너의 미소에
두 손을 모아 감사를 표하네

사랑의 반창고

후회 없이 사랑했으니
아프지 않을 것

내 사랑에 거짓이란 존재하지 않았으니
흉터가 되지 않을 것

사랑이란 상처에 반창고를
붙일 수 있다는 게 가능할까

아문 사랑의 상처는
상처가 아니었음을

나의 청춘의
행복과 슬픔이었기에
내게 기억과 추억이 되어

사랑이란 존재는 내 일부가 되었음을

반창고는 금세 떨어지기 마련이고
사랑의 존재는 사라질 수 없는 것을

그저 가슴에 안고 살아간다는 것을

후회 없이 사랑했으니
아프지 않을 것

잠든 너의 이마에 입을 맞추다

슬며시 잠든 너의 이마는 봉긋하게 솟아올랐다
마치 부푼 내 심장의 모습처럼 봉긋

새근새근 자고 있는 너의 이마에 입을 맞추다
몰래 나 홀로

너를 지켜보는 나는

설렘에
즐거움에
안도감에
불안함에

잠 못 이루고

너의 머리, 너의 이마 어루만지며
나 홀로 잠든 너를 지켜보네

중경삼림(重慶森林)*

그 시절 홍콩의 배경
영화 너머 보이는 홍콩의 냄새

느껴지는 영화의 향기

그 시절 홍콩의 사랑은
더할 나위 없는 감정의 감성

캘리포니아의 꿈을 듣는 순간
홍콩의 삼림은 나의 심장에

연정(戀情)**을 불러오네

---

* 1995년에 개봉한 홍콩 배경 '금성무, 양조위' 주연의 멜로영화
** 이성을 그리워하고 사모하는 마음

장미꽃 한 송이

꽃 한 송이 장미를 너에게 바치네

새빨간 장미 붉게 물든 나의 심장과 닮았네

전쟁 같은 사랑에 살아남은 장미꽃 한 송이

작고 강한 저 요염한 꽃을 너에게 바치네

너는 알까

그 시절 행복했던 순간들

순정만 남아 겉돌던 그 시절
행복이란 편지를 고이 접어 넣어 둡니다

잊혀질 수 없겠지만
애써 잊으려 하지 않겠습니다

가끔씩 맴돌던 기억은 조심스럽게 접겠습니다
강가를 바라보며 자갈길을 거닐던 추억은

잊을 수 없는 행복이었습니다

녹색 잠자리가 겉돌던 그 시절
내겐 그저 행복했던 순간이었습니다

아프거든

아프거든 내 불러라
하던 일 제쳐 두고
너를 향해 가겠노라

내 힘찬 목소리 닿을 때까지
뛰겠노라

벅찬 가슴 안고, 뛰는 너의 가슴
내가 마주하러 가겠노라

주저 말고 부르거라
주저앉고 가겠노라

아프거든 가겠노라
내가 너를 치유하러, 보살피러 가겠노라

비의 그녀

빗방울과 함께 흘러들어 온 그녀는
흙이 좀 묻어 있던데

거칠고 축축하며, 굉장히 신경 쓰이던데

내게 묻은 그녀가
씻겨 내려간다면 개운하겠지

비가 다시 내리면 서운함 저버리고
내게 다시 묻으려 할까

그녀의 축축함이
나를 신경 쓰이게 하고 그리워하던데

어쩌면 맨발로 뛰고 싶었을지도 모르겠지

그대 내 곁에

바뀔 것은 없고
걸릴 것도 없으며
하물며 물리고 질리지도 않을 테니
곁에만 있어 주어라

그대 내 곁에
머물러
따스한 곁을
내게 주었으면 한다

자그마한 손을 모아

정성스레 두 손을 모아

마음을 전합니다

어쩌면 닿을지 모를 정도로 작다만

닿을지 모르겠습니다

하지만

믿음으로 의심의 여지없이

전하고자 합니다

그런다면 그에게 닿지 않을까요

무너진 가슴아

담벼락 깊은 곳 숨겨 놓은 나의 가슴아
아무도 볼 수 없는 저 편에 가둬 놓은 나의 심장아

이 담벼락을 누가 넘어갈 수 있으려나
이 담벼락 무너진다면 나의 가슴도 함께 무너지겠지

세월이 지나고 시간이 흐르면
하나씩 떨어질 줄 알았던 담벼락은
더욱 견고하고 단단해지겠지

아무도 찾지 않는 그 곳에 숨어 나오지 않을
나의 가슴아

애타게 불러도 듣지 않을
무너진 가슴아

붉게 물들었던 심장도 차갑게 식어
굳어 단단한 돌이 되어 있겠지

떠나는 꽃에게

이것 또한 미련이라면
후회막심하겠지

진정 바라건대
너를 잃는다면

잠시 피어난 이 철쭉마저
힘없이 금세 시들어 버리겠지

미련이라고
후회하겠다만

널 떠나보내고
나란 놈은 이렇게 남아 있겠지

가슴 시린 사랑

저버린 우리 가슴 어찌할 바 모른다만
저버린 나의 마음 가시가 되어
심장까지 파고들어 나를 아프게 하네

아픔이 나를 키우고 보듬었지만
과정이란 고되고 한없이 슬프다

많이 사랑한 죄로 달게 벌을 받겠다

미련한 나를 보필하고 아껴 주어
너를 원망하지 않겠다

멍청한 나를 사정없이 떠나 주길 바랐으니

잊지 못할 그 사람

향기가 짙은 사람

내 곁에 오래 머물지 않았어도

그대 향기가 날 에워싸던 사람

그대 나를 잊지 말아 주오

사랑의

사랑하라 백색 도화지처럼

온전히 물들어 갈 수 있도록

나는 배웠다

눈물의

부쩍 더워지는 봄날
푸르고 무성한 풀잎들이
바람과 함께 춤을 추고

구름의 행진과 함께
색색의 잠자리들이 입장하기 시작하며

개구리의 우렁찬 울음소리와 함께
매미의 힘찬 소리도 덩달아
여름을 맞이하는 듯하는구나

그 날의 추억은
십 년이 지나 이십 년이 지난 지금에도
여름의 합창단이 나의 눈시울을
붉히는구나

이 눈물 나누지 않아도
그저 행복하리

금빛 비가 쏟아지는 날에

두 팔 번쩍 들어올려
너를 안겠어

내 팔이 부러져도 상관없어
너 하나만을 받을 수 있다면

금빛 비가 쏟아지는 날에
너를 안겠어

온 세상이 황금빛으로 물드는 순간
나의 세상은 종말이 다가왔겠지

내가 사라진다 해도 상관없어
쏟아지는 금색 빛의 비와 함께
쏟아져 내리며 녹아내리겠어

지금 이 시간이 멈추고

비마저 멈춘다면 좋겠지만
너를 안을 수만 있다면 상관없어

금빛 비가 쏟아지는 날에 함께 사라져도
부끄럼 없는 미소 머금고 사라지겠어

연인

내 아픔을 술에 섞어 마신다면
너는 모르겠지

너의 아쉬움을 연기에 태워 보낸다면
나는 미처 알지 못하겠지

너도 그렇듯
나도 그렇듯

다르기 때문에 지나가는 것이니까
지나가는 사람으로 잘 보내자고

아시나요

그 사람을 아시나요

스쳐 지나간 그 자를 기억하시나요

바람에 스쳐 떠나간 그 인연이 떠오르나요

아픔이 머무른 자리에 지친 시계 춤은 춤을 멈추고
고사리 손에 묻은 흙더미는 느지막 겨울에 붙잡은
밧줄에 쓸려 상처에 피 흘리는 그 사람을 아시나요

잊혀 지나가지 않았어요
또렷이 기억하고 있어요

그 시절 아픔을 노래한 그 사람을 아시나요

20230512

한 철 떠나간 사랑 그리워

옷깃자락 붙잡고 마음을 밤공기에 띄어 보내니

맵시 여미고, 눈물을 훔치고

그 때의 향취를 떠나간 추억을 밤공기에 흘려보내니

이 밤의 기운을 달과 함께 꿈속으로 묻어 두리

지나갔던 모든 것들만큼 아팠다고

불꽃 잎

사그라드는 작은 불꽃 잎
타들어 가는 조용한 불꽃 잎

연기 자욱이 번져 가는 불은
작고 소중한 꽃잎의 생명마저

타고 남은 자리에는
소중했는지도 모를 흔적들이
고스란히 남겨져 잿더미 되어

그 날의 꽃잎은 불꽃이 되어
언덕 너머 저편으로 피어올랐다

달나라

백마 탄 달나라의 왕자님
빛나는 저 달에 선녀의 옷깃 비단결처럼
고운 백마를 탄 나의 왕자님

이 달이 지는 새벽에 그대를 볼 수 없을 생각에
하염없이 슬퍼지노라

달이 구름에 가려지는 날은 왕자님
그대의 모습이 희미하게 아른거리니
제대로 볼 수 없어 슬퍼지노라

내가 달나라로 갈 수만 있다면
그대 뒤에 안겨 달과 함께 새벽과 함께
사라지고 싶노라

아
이룰 수 없음에 서글퍼지노라

검푸른 은하수

고독의 배를 가르니

검푸른 은하수가 펼쳐졌다

내가 아픈 이유였다

그 새벽의 꿈은

내게 안개처럼 자욱하였다

사랑이란

단순한 사랑이란, 별이 구름에 스치듯

잠시 드리운 찰나의 아름다움

새벽녘의 드리운 공기 같은 무심결의 방문객

그렇게 깊어지는 단순한 사랑

사랑과 슬픔으로

그 날의 이별을 추억하며
써 내려간 글씨에 아픔이 맴돌았다
간직했던 사랑과 지나간 슬픔에

"버선발로 뛰쳐나가 반기어 보았다. 그땐 이미 너무 늦은 뒤."

꽃의 사랑(愛)

꽃이 사랑을 품으면 그것이 인연이 아닐까

식다

사랑이 굳어진 피처럼

차갑게 식었다

벽에 처박힌 모기가 터졌다

내장 속 차가워진 나의 피가 단단히 굳었다

마치 나의 사랑처럼

2부

평화

웃음을 담다

함께할 그릇에 웃음을 담아 행복을 일구어 내다
사랑하는 이의 그릇에 웃음과 행복을 담아 평생을 일구어 내다

민들레 꽃

바람이 불고
내 마음의 바람도 불며

너의 바람도 함께 부는 계절
새하얀 민들레 꽃 후 불며

우리의 바람도 함께 날려 보내리

함께한 그리움의 세상은
온통 푸른 하늘에 민들레와 같이

보이지 않는 곳으로 사라지리

사라진 민들레 꽃
뿌리만 깊게 남아 있으리

술과 달

술잔에 나의 달을 적시고
그대의 눈망울에 나의 침을 삼키네

나지막하게 바라보는 눈망울
술잔에 담긴 술이 이슬로 변하네

달에 젖은 술잔은 그리움으로 간직해
나의 마지막 술잔 비우질 못하네

달을 바라보며
나의 잔을 바라보며
오늘 밤을 지새우네

봄날의 봄꽃아 머물러 다오

곱게 핀 민들레
봄옷 색동저고리 고이 접어 애껴두고 싶어라

아아 샛노란 나의 민들레
꽃송아리 무르익어 갈 때쯤 내 곁을 떠날까

난 두려워
고이 접어 애껴두고 싶어라

겨울을 품에 안다

차디찬 계절이 찾아왔다
창밖에 김이 서린다

뜨거운 캐모마일을 주문한다
김이 모락모락 피어난다

두 손을 머그잔에 꼭 감싼 채
추운 겨울을 머금고

한 모금 한 모금 들이킨다
겨울의 공기가 따스하게 느껴진다

차디찬 계절에 나의 세계는
캐모마일 한잔에 녹아내린다

꿈의 나라로 가는 길

우렁찬 함성과 함께 손을 흔들어라

목소리를 드높이고 손을 뻗어라
닿으리라 향하리라 만날 수 있으리라

꿈에 도취해 부푼 희망이라는
구름에 올라타 선포하리라 세상에게

손은 드높이고 목소리는 뻗어라
목소리를 드높이고 손을 뻗어라

올라탄 구름 지평선 너머로
몇 해가 걸릴지언정 놓지 않겠노라

우렁찬 함성과 함께 뻗은 내 손 붙잡아
나를 데려가 주어라

고깃집

치익치익
연기 자욱하게 올라오며
삼겹살 익어 가는 소리 기분이 절로 좋아진다

치익치익
연기와 함께 냄새 올라오며
입 안 가득 침이 고이며
애꿎은 반찬만 젓가락으로 괴롭힌다

상추 한 쌈에 삼겹살 두 점 올려
김이 모락모락 피어나는 밥 한 술 크게 올려
얇게 썰린 마늘 한 점 올려 쌈장 묻혀
상추 한 쌈 크게 이불 감싸 안아

입 안 가득 쑤셔 넣는다
맛있다 행복하다

행복이란 멀리 있지 않음을
같이 나누는 식탁과
노릇노릇한 고기 한 점이면 되는 것을

벽화

서정적인 시골 마을 어귀
조용한 벽화 한 점

지나가는 나그네

홀로 덩그러니 있는 벽 한 켠의 그림
멍하니 벽화만 바라보다
눈물 한 방울 지그시 흘리고 마네

그의 발걸음 그의 눈동자를
멈춘 벽화 한 점

조용히 노을은 모습을 감춰 가며
벽화도 함께 노을과 사라지네

그 벽화는 나그네에게 어떤 의미였음을

청계산의 겨울

청설모가 나무를 뛰어다니고
나는 차가운 입김 내쉬며 산을 거닐고
쌓인 낙엽 즈려밟아 바스락 거리는 소리는

차가운 공기의 계절이 왔음을 알린다

귀가 차고 손이 차고 볼이 시리다

옛 사람

조롱박 함박웃음

짓궂은 장난에 하지 말라며 손사래

해맑은 눈웃음의 얼굴

보는 사람 즐거워

하염없이 괴롭히나

한결같은 순진무구한 얼굴

나의 거짓과 장난에 진실된 순정(順正)으로

대하는

잊지 못할 얼굴의 그 사람

아 옛 사람이여

설산(雪山)

흰 눈의 넓은 이불을 덮은 겨울

어제 봤던 그 산은 온데간데없이
하얀 세상에 하얀 목련들

나뭇가지에 돋아나
이루지 못한 꿈들이 눈앞에 펼쳐나네

김 서린 하늘에 하얀 눈이 내린 설산(雪山)
이루 말하지 못할 꿈들이었네

설산(雪山)에 피어난 하얀 눈꽃들은
내게 웃음꽃을 가져다주었다

꿈을 꾸었다

온통 세상이 새하얗고 그저 내려다보는 그런 세상

소주

추운 겨울날 주황색 천막 사이로
새어 나오는 웃음소리 따뜻한 온기

기본 안주 뜨거운 오뎅탕, 소주 얼른 달라며
잽싸게 뚜껑 날려 소주잔에 콸콸 따라

시원하게 목 넘기고

뜨거운 오뎅탕 후후 불며
따뜻하게 추위를 달래네

매콤한 오돌뼈 나왔다
아작아작 씹으며 주먹밥 한입

소주잔 비었다
소주잔에 소주 콸콸 따라

얼싸한 입 안 시원하게 싹 가시네

아 소주 생각나네

광장시장

비좁은 광장시장 먹자 거리
기름진 빈대떡 냄새 솔솔

해가 지려면 멀었는데
아직 붉은 태양 중천인데

저마다 포차에서 어르신들
막걸리 담소 나누며 얼굴은
벌써 붉게 물드셨네

팔짱 부둥켜 안고
이리저리 구경하네

비좁던 광장시장 그 거리

이젠 조금 지난 추억이 되어
그 시절 어르신들 점차 줄어

포차마다 빈 공간만 늘어가네

해가 지려면 아직 멀었는데…

어느 아리따운 아가씨

저기 걸어가는 아리따운 아가씨
분홍신 꺾어 신은 그대는 말괄량이
나는 꼬질꼬질한 검정고무신 질질 끌고
저만치 멀리서 수줍게 바라보네

날리는 치마
해맑은 눈웃음
내 마음을 사르르 녹여 주네

저기 꺾인 분홍신처럼 내 마음도 사르르 꺾여 버렸네
수줍게 인사를 건네는 내게 손을 내밀며 같이 놀자고

내 고무신이 창피하지도 않은지
어느 작은 마을 아리따운 아가씨와
그녀를 바라보던 꼬마는
해가 지는지 모르고 함께 즐겁게 놀았다네

꼬마는 그날 자기 전
내일도 함께 놀 수 있길 기도하였네

토마토 스파게티

가끔씩 아무 이유 없이 생각나는 너는
토마토 스파게티

입맛 없을 때 생각나는 너란 음식
피자 시키면 생각나는 불어 터진 면발

추운 날씨에 오랜 배달에 딱딱하게 굳은 치즈
그래도 뭐가 그리 맛있다고 싹싹 긁어 먹는다

이유 없이 생각나는데 내가 만들면 그렇게 맛없더라

해를 품은 고양이

조용한 골목길
어스름한 한 켠 사이로
드리우는 따스한 햇살

옹기종기 모여
실눈으로 드러누워
해를 품은 고양이

바라보며
이 삶이 걱정이었다고
하찮은 생각들이었다고

나에게도
따스한 햇살 닿을 거라고

저녁의 한바탕

여섯 시가 지나가고
해는 지평선 너머로 사라지며

오늘의 저녁을 맞이하노라

뜬눈으로 하루를 보내고
피곤한 몸 이끌고 약속 장소로

무기력했던 몸 풀어놓고
사랑하는 이들과의 만남으로

마음을 달래어 본다

웃음을 던지고 울음을 던지고
주거니 받거니

그렇게 한바탕 하고 나니
내일 살 수 있는 이유를 얻었다

꿈의 어둠

밤새 잠을 뒤척이고
슬픈 꿈을 꾸었다

들리는 목소리와 연기처럼 뿌옇게 함께
사라져만 간다

새벽 세 시 반
칠흑 같은 어둠에 슬픔이 밀려오기를 잠시

희뿌연 연기처럼 사라져 가는 슬픔도
깊은 연못으로 잠식하며
모든 것이 안정을 되찾는다

바다 위의 별

파란 별빛이 쏟아지는 온 세상은
언제 파도가 일렁이고
강풍이 불었는지도 모를 찰나의 순간

모든 것은 잠시 멈추었고,
우주의 별은 검은 바다에 잠겨
아무도 모르게 사라졌다

명상

눈을 감고 귀 기울여 본다
호흡을 가다듬고 내쉬어 본다
허리를 반듯이
편안히 고개를
정직한 자세로
편안한 자세로

다시 한번 귀 기울여 본다
호흡을 가다듬고 내쉬어 본다

날아간다 천천히
조용히 아득히 저 먼 평화의 세계로

들려온다 모든 행복이

아무도 없는 그곳으로

윽 지르며 달려가
해변을 지나 바다를 밟고

저 머나먼 태평양으로 건너
꿈의 낙원에서 빛을 보고 싶어

해가 지고 별빛이 쏟아지는
태평양 한가운데를 달리고 싶어

파도가 일렁이도록
크게 소리 질러
아무도 듣지 못하게

숨이 터질 듯
지평선을 넘어
밤새 바다를 건너

아무도 없는 그곳으로

도로 위 풍경들

노란 중앙선 대칭
앞뒤로 오가는 자동차들

빨간색 주황색 파란색
빛에

거인의 지시에

부랴부랴 작은 난쟁이들
앞다퉈 오가는 모습

작은 소란 소리 붐비는 질서에
숨 가쁘게 살아가는 풍경

해가 지고 빛나는 도로 위의 별들
무수히 살아가고 있는 작은 증거

항포지의 밤

한연규

항포지에서 나 혼자 떠나가는 항포지 강화를 지나
그림 같은 석모도 다리 지나 굽이굽이 돌아
항포지 저 하늘에 별빛이 시셈하듯 별똥이 사무치게
물 위로 내려앉을 때 고기들도 여기저기 펄떡펄떡 뛰어노는데
붕어들은 누굴 기다리며 뛰어노는가 달빛 밝은
황포저수지 연인들이
하나둘씩 짝을 지어 노는 사이 여기저기에서 으랏차차
고기 올리는 소리들
피아노 소리 경쾌하게 들리는구나 그 새에 별똥별은
내리고 연인들은
짝을 지어 다시 돌아갈 준비를 하고 고기 역시 어디론가
숨어 버리네
항포의 밤은 아름다워라
항포의 밤은 아름다워라

양치기 소년

절묘한 꿈속 길을 바라보며
뛰어노는 양떼 무리

하늘하늘 날아다니는 구름 무리
잔디밭에 누워 눈 감고 바라보는

세상의 작은 풍경
작은 아이의 소원은 소문이 되어

널리 바람 타고 날아가리
자유롭게 흩날려 꿈같이 사라지리

3부

윤회

얼룩

세상은 얼룩에 뒤덮이고

나의 세상은 먹물에 젖어진 채

뚝뚝 무언갈 흘리곤 하더라

장난

툭 던져 보는 돌

이마에 맞아 피가 흐른다

소독약 바르고 연고를 바르지만
아프고 쓰리더라

장난이었어 미안해

순환의 고리

이룩하지 못하여 너그럽지 못한 마음들을 용서하며
우리의 삶은 결국 끝없이 순환하기에 끝없는 예기치
못한 도래 또한 당연하다 여길 수 있기를

홀딱 벗은 원숭이

관심을 달라 손을 흔들고
바나나를 손에 쥐기 위해 서로 헐뜯는다

벗겨진 바나나, 홀딱 벗은 원숭이
드러낸 성기, 시뻘건 엉덩이

부끄러움을 모른 채

서로 조롱하며
성난 이빨 드르륵 갈아대며

탐욕과 질투심으로
언제나 노심초사 홀딱 벗은 원숭이

길고 좁고 보이지 않는 터널

좁은 터널 비집고 들어가
점차 좁혀져 가는 터널

조그마한 기차는 잠시 터널 안에 정차

어두컴컴한 터널 안을 비추며

길고 좁은 터널을 꽉 채우려 하고 있네

조그마한 기차는 자존심이 상했는지
더욱 더 거세게 엔진을 울리며 출발하네

아버지

이 시를 아버지가 보는 날이 있을지 모릅니다
내게 좋은 아버지는 아니셨지만
나쁘지 않은 사람이었습니다
그저 우리는 사람이었고 다른 존재였습니다

환영의 화원

환영합니다
당신의 환상을 이끌어 줄
환상의 화원에 오신 것을 환영합니다

촉촉한 새벽이슬에 눈물을 잎에 머금고
맞이하는 초록빛의 요정들이 당신만을 기다렸습니다

속절없이 색을 잃고 여위어 가는 당신에게
환영이라는 두 글자로 생기를 불어넣고자 합니다

당신을 새로이 환생시켜 줄 화원에 오신 것을 환영합니다

무채색의 그대를 초록빛으로 물들어 가도록 도와드리겠습니다

연기처럼

듣는 애기에 하하 호호 웃으며
맞장구치는 나의 모습

거울을 바라보니 어째 울고 있었니

옳거니 욕하고 헐뜯는 그대가 미운데
맞장구치는 나의 모습

거울을 바라보니 어째 등 돌리고 있었니

왜 내게 조용한 나는 맞장구만 치고 있었니
연기처럼 사라질 듯 언제나 연기만 하고 있는
얼굴을 보자니 역겨워 토할 거 같아

내가 연기처럼 사라져도
변함없이 연기하겠지

깨달음의 적빛

조용한 하늘의 공명
다가오는
이 새벽을 붉은 달이 비추니

눈을 뜨고 세계가 열리니
조용한 하루의 공명

하늘에 울리는 적빛은
우리네 명(明)*을 울리는구나

* 어리석음의 어둠을 깨고 진리를 깨닫는 성스러운 지혜

허풍쟁이

거짓말을 해서는 안 된다고
올바르고 바른 말만 해야 한다고

내게 그리 가르쳤다

거울을 보지 못하는 듯
내게만 그리 큰소리쳤다

액자에 갇힌 거짓말과 바른말은
온통 정신을 빼놓았다

내게 그리 가르쳤다

어릴 적 부모는 욕을 일삼고
거짓말을 일삼았다

훈육과 선의라는 허풍으로

내게 그리 가르쳤다

그릇

그릇된 마음을 담을 그릇은 여의치 않으니

계곡의 물 흐름에 귀를 기울이고
동요하며 일렁이던 마음의 강가도

조용한 날이 오겠지

가뭄이 내려 강가의 물이 말라도
주저앉지 않기를

너의 그릇이 깨져도 동요하지 않으며
담담할 수 있기를

소멸(消滅)

오늘 죽어도 한 맺히지 않을 땀을 흘리고

오늘만 살아도 미련 남지 않을 사랑을 하고

오늘 나의 존재가 먼지처럼 바람 불면 사라져도

한 점 부끄럼 없는 후회를 버린 인생을 살아가다

과거(過去)

과거의 길을 걸어와
현재의 길을 과거로 만들며
다가오는 미래는 조만간 과거가 되며
그 앞의 두려움은
시간 앞의 두려움은

나약한 인간을 상상하게 만들곤 합니다

시간을 거슬러 올라갈 수만 있다면

이 모든 것을 후회라고 합니다

무제(無題)

지나가는 바람을 붙잡으려 한다면
분명 놓치고 말겠지
머물다 간 향기를 기억한다면
입가에 미소가 머무르겠지

떠나는 바람과 향기를 가지고 있는 것은
삶을 거스르는 것이니까

잠시 스쳐간 바람을 느끼고
잠깐 머물다 간 향기에 웃고 넘길 수 있다면

이 얼마나 아름다운 인생일까
나 또한 그 자리에 머물 수 없는데
가지려 한다면
이 모든 것은 욕심이었으니까

너에게 물었다

너에게 물었다 이 세월을 어떻게 견뎌 왔는지
갖은 고난과 풍파를 버티고 어떻게 서 있는지

샅샅이 몸을 뒤지고 찾아보아도 상처라곤 보이지 않는다

그 고통의 세월에 어떻게 상처 하나 보이지 않는지
내게 답을 해 달라고

너는 알 수 없을 것이다 라며
내가 되어 보지 않고서는 듣는 얘기로도 보는 것만으로
느끼고 헤아릴 수 없을 것이라고

다른 공간의 같은 날 너와 나

어렴풋이 지나가며 바라본 봄꽃을
그대도 같이 바라보았네요

함께 머물다 간 추억을 그려 낸
사진 한 장

그대도 같이 함께하였네요

우리는 다르고 공간도 달랐지만
우리는 함께하였네요

같은 날의 너와 나는
같은 생각을 하였을지도 모르겠네요

짧은 것은 없다고 하니 그렇다고 하니

짧디짧은 줄 알았건만
길게 늘어진 실오라기가 끊이질 않네

모든 것이 짧게 잘려 가며 사라질 줄 알았건만
작게 짧게 길게 줄을 서 늘어져 있네

몰랐는데 그렇다고 하니

무명의 화가

아무도 모르는 그의 이름을 아시나요
지나간 꽃잎의 시간을 멈추어 캔버스에 그려 내는 그의 이름을 모르시나요
아무도 찾지 않는 그를 찾고 있어요
어쩌면 이 세상에 존재하지 않을 수도 있어요
그의 이름을 아신다면 저에게 알려 주세요 조용히 아무도 듣지 못하게
그는 자신이 알려지는 것을 꺼려한답니다
시간을 멈추고 세월을 그려 내는 무명의 화가는 앞으로도 그렇게 지내기를 희망한답니다
그렇게 조용히 사라져도 괜찮을 거예요

맑은 정신

늦은 아침에 일어나 세수를 하였다
세면대가 온통 붉은 빛으로 물들어 간다

오랜만이다

새빨간 피가 아름답게 느껴진다
붉고 묽고 계속 흐른다

피는 계속 흐르고 계속 닦는다
어쩐지 정신이 맑아지며

무아(無我)에 빠져만 간다
고운 핏 빛깔이 나를 물들고

모든 것은 천천히 씻겨 내려가고 있다
나를 잊고 잠시 모든 것을 잊고
개운하게 한다

바람

나를 잃어
너를 잃고
욕심을 버리고
너를 버렸으니
떠나간 바람을 가두려 한다면
그것은 거짓이겠지
떠나간 바람은 지구를 한 바퀴 돌아
내게 불어온다면
그때의 나는 눈치채지 못하겠지

허무(虛無)

내가 웃고 있지요
눈물로 잇몸과 입술을 적시고 있지요

이가 빠진 초라한 웃음은
눈물의 홍수로 가득 차 헐떡이고 있지요

지구의 온 세상에 비가 내리고
나의 세계만 화창한 봄이 내리고

그리고
이 모든 것은 꿈의 환상이었고

얇은 종이 끝에 순간
손가락이 베이듯
지나가며 베이고, 아파하지요

그리고 아물기를
그저 웃지요

빛의 파동

거울에 적힌 빛바랜 소리에
울리는 소동은 광 없이 빛나는 태양의 소나기
땅을 적시고 내 마음도 적시는 굴곡진 비탈길은
도드라진 입술에 타고 흐르는 물방울은
소음마저 삼켜 공해의 전율로
어떠한 것도 헤아릴 수 없는
결국의 진실된 광염의 공명으로

인이다

산속에 집을 지으며
겨우내 떼어 뒀던 나무로 설산살이 보내고

소금쟁이 맑은 물 노질하며 두둥실 떠다니며
겨울잠 잠들었던 개구리 기지개 펴고

봄을 맞이하는 산속의 신령들
노래하며 지나간 겨울에 안녕을

나그네 떠돌며 잠시 벗 삼아 머물다 가겠노라

그 자연의 품속에
그 자연의 아름다움에

몸을 품고 한 해 두 해 지나며
자연을 품고 자연인이 되어 가노라

사시사철 내 널 떠나지 않으면
너 또한 날 떠나지 않겠노라

달과 사람

달도 사람이었고,

그늘 아래 나무도 사람이었다

4부

순
리

지나가는 것에 의연하게

멈춰 있다는 것은 참으로 슬픈 일이다
시간 또한 멈춰 있지 않는데

어떤 것이든 멈춰 있길 바란다는 것은
어려운 바램에 불과하다

지나가는 것에 의연하게 대하듯
바람이 지나가면 함께 날려 보내듯

나무라면 좋겠지만
바위라면 좋겠지만

사람이기에
인간이기에

지나가는 것이 당연하기에
지나가는 것에 의연하게 살아가고자 한다

오늘도 시간은 지나가고 있다

달을 피하고 싶어서

달을 마주하고 싶지 않아서
해가 지기 전 눈을 감고 잠을 청한다

이 긴 밤이 두려워서 억지로 눈을 감는다

달을 보면 내 눈동자도 초롱초롱해지고
희미할 줄만 알았던 어두운 세상은

환하게 밝아지며 나의 밤을 괴롭히는구나
이 긴 밤은 조용하고 외롭구나

어찌하면 저 달을 피할 수 있을까
고민하다 답을 찾지 못해 조용히 눈을 감는다

시계탑

고개 치켜들고 높은 시계 침 바라보며
눈부신 태양에 두 눈을 뜨질 못하네

조용히 조용히
시곗바늘이 지나가고

시계 침과 함께 태양도 저물어 가고
한자리에서 조용히 하루가 지나가네

조용히 조용히

비밀

알리고 싶지 않은 그것을
세상에게 들키게 된 순간
모든 것을 잃었다는 걸

사실 내게 가진 것은 존재하지 않았고
세상이 알게 된 것 또한 진실이 아니었음을

나라는 존재만이
나의 코와 입에 드나드는 숨결만이
진실과 본질임을

내게 비밀이란 존재하지 않았다

나는 잃을 것이 없었다

동쪽하늘

가슴팍 묻어 둔 하늘
그저 가리키는 곳이 동쪽이리

동쪽 하늘 저편 너머
닿지 않는 뜨는 해

저 해가 뜨는 곳이 동쪽이리
저 해가 나의 시작이 되리

내 가슴 속 묻어 둔 하늘
동쪽에서 시작해
서쪽으로 끝나리

내 일출 동쪽 주머니에 넣어 두리
내 일몰 서쪽 출입구에 마중 나가리

뜨거운 여름

따사롭다 못해 뜨거운 여름의 나날
무지개의 빛이 반사되는

바람 타고 날아오는 냄새와 풀잎에
생명이 자라나고 살아 있음이 느껴지는

초록빛의 고귀한 삶들이
뜨거운 햇살 아래 양분으로 살아 있는

나 또한 무기력한 더위에
초록 잎의 초록빛을 보며
나의 나날에 생명이 깃들기를

뜨거운 햇살이 나를 뜨겁게 하고
삶을 내려 주는 어느 여름의 나날

조용한 하루의 삶에 여름은 뜨거웠다고

어쩌다 마주치며

지구가 너를 안고 가듯
나도 지구에게 안겼으니

우리는 어쩌다 마주치겠지

가득한 지구의 품에 우리는 함께하겠지

넓은 초원에서 춤을 출 수도 있고,
푸른 바다에서 함께 헤엄을 칠 수도 있고

너와 내가 함께 어울릴 수 있겠지

어쩌다 마주치며 우리는 하나가 되어
지구의 어미의 품 안에 갇혀 살겠지

그렇다면 행복할 것 같아

애저녁의 허상(虛想)

애저녁 던진 돌에 맞고
쓰러져 피를 흘리다

깊은 잠에 빠져 절벽으로 가니
맑은 물의 폭포가 흐르고 있더라

뛰어내려 물에 잠기다
눈 뜨고 보니 꿈이었더라

모든 건 허상이고 머물다 간 생각이었다
머리맡에 피가 묻었다

어느 개수는 틀렸을지도 모르더라
눈 감고 뜨기를 허사

실로 눈을 꿰매고
다시 한번 깊은 잠의 초대에 응하더라

깊은 밤 깊은 잠 실로 허상이로다

새로움

새로움의 향락을 잊는다면

어찌 살아갈 이유가 있겠는가

목이 말라 물을 마시는 것과 다를 바 없음을

운석의 충돌

쏟아지는 별빛 아래
저돌적인 소행성의 다툼

반항하듯 거친 우주의 거리
공격적인 운석의 충돌

어느 누가 말릴 수 있을까

어느 누가 다가갈 수 있을까

운석의 충돌과 함께
먼지가 되어
푸르고 어두컴컴한 우주와 함께
잿더미가 되어

태초의 산물로 돌아가리

번지며 물들이며

투명한 물에 툭하고 물감을 한 방울
사르르 조용히 번져만 간다

숨이 멈추고
시간이 멈추고

물들어 가기를
어느덧 나의 색을 입혔다고

적막하던 순간도 지나고

숨이 트이고
시간이 지나고

변하지 않은 것은 없었다고

아마 알았더라면

가끔은 지나간 일에 회상을 하기도
지나간 거리를 뒤돌아보며 추억을 하기도

아마 알았더라면
지름길로 갔으려나

아마 알았더라면
그런 실수를 하지 않았으려나

후회를 그렇게 하리라 생각도 못했거늘
아마 알았더라면

떨어지는 낙엽을 줍지는 않지만
멀리 날아가지 않도록 조용히 쓸어 담듯

후회를 조용히 쓸고 담으며
천천히 곱씹어 가며 살아가고 있습니다

사월의 십육일

이 세계는 위험하니
너희를 지키겠다고

고통 속에 어른들이
지켜 주지 못해서 너무 미안하다고

아이들아 어른이 되어
작별을 하지 못했지만

어쩌면 그 시절 순수함을 간직한 채
이별을 고하여 조금은…

그래도 미안해 얘들아

거짓의 미학

불복하지 않는 거짓은 나 자신의 도태된 이면을 적나라하게 드러내는 행위. 깨진 유리조각을 무심코 건드려 피가 솟구칠 수 있는 정도의 단계로 갈 수도 혹 점차 피는 멈추겠지만, 쓰림의 정도가 매우 강하다. 어쩌면 살랑이는 바람이 코를 간질이고 혓바닥이 나의 귀를 간질이고 휘둘리는 마음은 갈대가 될지어다. 비단결 같은 머리카락을 잘라 내어 울음을 그치지 못하고 누군가 두 손을 놓아주고 처음으로 두발자전거를 타게 된 인생. 어렴풋이 기억나듯 긍정으로 모든 것이 조작된 기억들 모든 거짓은 삶의 친구로서 동행하고 있다. 진실마저 가리는 거짓이란 녀석, 헤아릴 수 없으며 순응하고 강물과 함께 흐르는 편이 빠르다.

계곡의 과거

우수수 바위가 굴러간다
작은 돌멩이도 끼어 같이 굴러가는데
희미하게나마 보인다

계곡에 틈 바위가 틈틈이 쌓이기 시작한다
작은 돌멩이들도 그제서야
작은 틈틈을 메꾸기 시작한다

요동치던 계곡에
울리던 용 울음소리는 서서히 멈추고
어느새 의젓한 벽이 생겼다

바위가 쌓이고 커다란 벽을 이룬
그 곳의 과거는 매우 빈틈 많은 계곡이었지

달도 그렇듯이

달이 초승달과 보름달을 오가듯
반달의 시간이 짧고 길지 않듯
달이 지고 해가 뜨는 시간이 짧듯

지나간 달은 다시 돌아와
지구를 안듯

떠나간 해는 다시 돌아와
지구를 품듯

곁을 떠난 그들은 결국 그대로인 것을

모순의 쪽지

불현듯 떠오른 생각은 이미 저만치
연못에 물방울 한 방울 일렁이다 잠잠해지듯

찰나의 순간 뇌리에 꽂히며 눈 녹듯 사라지는 기억

사람 삶의 반복의 연속 되풀이의 모순
작은 쪽지에 문장을 담아 가슴에 묻고 마음으로 기억하리

재미있는 인생이어라

뚜렷한 거짓은
위선의 착각과
허황된 인간 도피일 뿐

모순의 엉겁결 안에
사는 것은 이토록 인간다울 수가

아 즐거워라

잊고 지내는 것

벼의 이삭이 여물고 갈라지는 통증에
찌릿하게 요동치는 갈대와도 같은 마음

저기 허허벌판에 높게 쌓인
짚단에 몸 던져 뉘고 싶구나

가을이 지나 땅은 내게 양식을 주고
나는 고마움을 모른 채
나의 고생에 눈을 감고 축배를 기울이고

하늘의 축복과 땅의 믿음으로
자라나는 인간은 잊고 살아가며

앞을 보며 걷질 못하니

태초에 자연이 없었다면
우리 또한 존재하지 않았다는 것을

희비

싱그러운 죽음과 함께

비참한 탄생의 시작은

아침 새벽을 알리는

종달새의 울음소리와 함께

울고 웃고 죽고 살고

5부

고
독

생각의 늪

아무것도 하지 않은 적이 없어
숨 쉬며 가만히
서 있어
앉아 있어
누워 있어

아무것도 하지 않은 적이 없어

생각이 쉬질 않고 있어
나는 늪에서 나오지를 못했어

그만 쉬어야 해

생각의 늪에서 나와야 해

목이 마른 사내

슬픔에 목이 말라
술로 적시는 사내

술로 적시니
더욱 목이 말라 오네

외로움의 가뭄에 지친 사내는
자신이 무엇을 마시는지 잊어 가고 있네

말라 가는 가뭄에 목이 마른 사내
폭포 같은 비가 내리길
기도하고 기대하지만
황폐해진 가뭄에 기약 없는 기대일 뿐이네

목이 마른 사내는
어김없이 언제나 술로 마른 목을 적실 뿐

가뭄에 황폐한 땅은 더욱 말라 가고 있네

어두컴컴한 크리스마스

모두가 흰 눈이 오는 새하얀 크리스마스를 기대하지

길거리에는 캐롤이 들려오며 두꺼운 외투를 부둥켜안고

서로에게 기대어 추운 겨울날 따뜻한 기념일을 보내지

하얀 눈이 왔으면 좋겠어
그 뒤에는 어두컴컴한 밤하늘만 보일 뿐

어두컴컴한 겨울날의 기념일은
내게는 존재하지 않았어

사실은 그저 다름없는 하루에 불과하였는걸

오늘이 지나고 내일이 지나
그저 별 기대 없이
나는 나를 부둥켜안고 조용히 보내겠지

적잖이 조용한 밤일세

해가 저물며
하물며 날이 차가워지는 밤공기

조용히 창밖을 내다보아

슬쩍 슬쩍 창을 열어 보니
차가운 공기가 내게 인사 건네며
반갑다며

잠은 오지 않고

어젯밤 뒤숭숭한 꿈자리에
오늘도 뒤척일 생각에

싱숭생숭한 나의 마음

적잖이 조용한 밤일세

꼬마아이

내리쬔 햇살은 저리 밝은데
방 한 구석에 우두커니 앉아

창살 사이로 비치는 햇살에 몸을 녹이네

저 넓은 바깥은 저리 화사한데
창살 사이로 들이는 햇살 주머니에 꼬깃꼬깃

따스한 햇살 내리쬐는 어느 봄날
한 꼬마의 조용한 방구석 이야기

고독

고독을 잃어버린
지금에서야 다시 찾아보려 애쓴 들
스스로 잃어버린 자아는
결국 자리에 돌아오거늘
힘겹게 사투하며 나 자신과 싸워도 반복될 뿐
해탈하여 저 먼 산 바라보고
발바닥 한 번 바라보고
하물며
모든 고독은 그저 잠시였으니까

노을의 달

서슬 퍼렇던 달이 움츠러들다
저녁놀에 낯빛이 불그스름하다
말이 없던 노을빛 하늘에 자리한 달
너는 그저 조용하게 외롭고 쓸쓸해 보이는구나

이방인

거기 누구 없소

낯선 이 땅에 아무런 길도 모르는 나를

거두어 줄 그 누구 없소

낯선 모습의 낯선 걸음걸이의 나를

멀리하지 말아 주오

터벅터벅 축 처진 발걸음을 옮기는 나에게

말을 걸어 주오

그 누구보다 따뜻한 손길이 필요하오

나를 동정해 주오

나를 구원해 주오

조용한 감옥

쇠창살 쌀쌀한 기운이 감도는 감옥 안
살벌한 눈빛이 삶을 포기한 채
싸늘한 동태 눈깔이 된 채

치졸한 감옥 안
변기에서 구렁내가 대변하는 분위기

조용한 적막에 희망을 잃은
범죄자는 썩은 동태마저 아깝거늘

초점 잃은 동태 눈깔
이름 없는 죄수 번호로 불려 오네

밤의 불청객

불청객과 마주하다
저 방문을 열고 누군가 들어올 것만 같은
그럴 것만 같은
저 비춰진 그림자가 나를 삼킬 것만 같은

나의 팔과 다리 몸통은 깊은 호수로 잠식해져만 가는데
감기지 않는 나의 두 눈

작게 불이 비춰 들어오는 방 안은
두려움으로 소리치고 있지만
아무런 소리도 들리지 않는

밤새 두려움에 사무치다
새벽이 되어 날이 밝기 시작하면
어두운 그림자 조용히 사라지고
나는 흐느끼며 지쳐 잠이 든다

몽유병

눈 감았다 뜨면
아침이니

눈 떴다 감으면
새벽이니

나도 모르게
너를 안았다

내 기억에는 없지만
내 가슴이 기억한다

너만 알게 나도 모르게
너를 안았다

조용한 방에서 조용한 잠에 깨어

흩어지는 바람에 갈라진 초점은
시야를 흐리게 하는구나

어쭙잖은 마음으로 살아갈 세상은
그리 넓지 않다는 것을 잘 아는구나

피로에 물들고 삶의 고뇌에 붙잡힌 상념이
고독의 길로 이끌어 가는구나

조용히 우두커니 쪼그려 앉아

눈을 감고 곰곰이 생각을 해 보니
실로 낯설지 않은 고독이로구나

나의 우물에 나의 몸을 던져
아무도 모르게 눈물을 희석하는구나

고독의 노래

아무도 방문을 두드리지 말고
다가오지 말고

내게 조잘거리지 말아라
그저 나대로 살려니까

부탁이니 떠나 주어라
부탁하노라

모든 것들아

거친 모습의 사내

나를 지키고자 으르렁대며 이를 갉아대고
손끝 하나 스치기를 꺼리며
아무도 내게 다가오지 않기를 바라는 마음으로

나라는 존재를 고독의 감옥으로 넣어 두기를 일쑤

순하게 태어나 유한 어린 시절을 보냈다고
자라며 점차 고독하고 거칠어졌다고

그 아무도 몰라주고 모르겠지만

거친 모습의 그는
사실 아픔과 상처로 고독하고 난폭해진 동물이라고

너에게 물리더라도
너의 아픔을 보듬어 주고 싶다고

열차 안의

목덜미 너머로 스쳐 가는 열차소리에
잠시 눈을 감아 봅니다

창가로 스며드는 햇살은
고스란히 내 살갗에 스며들고

그 곳의 공기를 내가 마시고 있습니다
아니
공기와 함께 내가 존재하고 있습니다

서서히 눈을 뜨고 보니 다음 역에 도착했네요
저는 내리지 않겠습니다

지금 이 기분이 너무 좋아요

하염없이

혼자 남아 이곳에서 고독을 느끼고 있어
분명 너 홀로 남아 있다고 생각하겠지
하염없이 기다려도 아무도 돌아오지 않아
그저 너의 팔로 너를 감싸 안아
너를 안고 있는 것이 어쩌면 전부일지도 몰라
그러다 보면 흐르던 눈물도 마르고
고독도 마르고 너도 사라지겠지
어쩌면 잘 된 일이야

하염없이 머물다간 삼켜져, 너라는 고통 속에 영원할거야

고독한 사내

뚜벅뚜벅 전등 깜빡이는 거리
떡 벌어진 어깨를 뚝 떨군 채

건장한 사내가 걸어간다

땅에 무엇이 떨어졌는지
고개는 푹 떨군 채

두 팔마저 힘이 없어 보인다

저벅저벅 바람 소리가 쉬이 불어온다
싸늘하다

그는 지금 쥐구멍을 찾는지
쌀 한 톨만큼 작아 보인다

비천의 새벽

한 잔의 위스키에 나를 달래 뜨거워진 슬픔에 애도를
기울어 버린 책장에 숨겨 둔 그림자는 고이 접어 두어
음용(音容)*의 몰락이 그렇게 외톨이로 치우치게 하였네

이 새벽은 너무 어둡고 춥다고 밖을 뛰쳐나가 보았지만,
줄곧 곁에 아무도 없듯 초라한 나뭇가지를 바라보니
슬픔의 허물이 걸려 있네

슬픔의 한 잔에 고독을 삼키고

온정 없이 헐벗은 나체의 모습으로 온데간데없는
영혼의 미림(美林)**을 쫓아 비천한 허물을 걸치고 이
새벽을 날아다니다

* 음성과 용모를 아울러 이르는 말
** 아름다운 숲

죽어가는 작은 세포

고독함 속 자리 잡은 작은 세포
너도 모르게 사라져 가고 있구나

누가 알았으리
이렇게 작아진 너라는 세포가

하나 둘 사라져 가는
너의 친구들
너의 가족들

이 또한 모든 절차임을

누가 알았으리
내가 너를 이렇게 지켜 주지 못 하였으리라

고독 속에 자리 잡은 작은 세포
고독 속으로 사라져만 가는구나

조용히 작아져만 가는 너는
참 여리고 작았구나

6부

존재

하품

의도치 않게 나의 곁을 떠나간다

떠나갔다

지나간 하품에 눈물 한 방울 흘리며

스르르 잠이 듭니다

다시 또 내일의 해가 뜨겠지

가시나무

사시사철 푸를 줄만 알았던
저 가시나무

공기가 마르고
다닥다닥 붙어 있던 살들도 빠지고

삐쩍 말라 가며
마음이 아파오네

저 가시나무는 아프지 않아

잠깐 시기를 지나쳐
지내는 시기일 뿐이야

눈 감고 조용히 있으면 돼

전갈자리

밤하늘에 빛나는 많은 별자리
그 중 하나

군건한 껍질 반듯한 곡선
독을 품은 전갈의 자리는

가을 하늘 독을 품고 밤 자리를 지키네

전갈의 충성은 광활한 은하수를
전갈의 꼬리로 수를 놓는구나

3초간의 웃음

다리미로 다림질 된 얼굴
웃지도 울지도
아무런 표정도 없다

거울 바라보며 3초간 웃어 본다

거짓된 웃음의 도태된 내면은
어리숙하고 내색 없는 태연한 모습이다

3초간의 웃음이
그 태연한 모습을 감출 수 있을까

이 새벽을 밝히는 소리

조용한 남색의 도화지
푸르지도 까맣지도 않은 남색의 배경

누구 하나 없는 이 새벽은 밝히는 소리
귓가에 맴도는 조용히 문을 노크하는 소리

뒤척이다 뜨니 보이는 소리에
벌컥 일어나

기지개를 편다

홀로 있지 않다는 게 어색할 때가 있어

가끔 생각을 하곤 해

이 눈부시고 아름다운 세상에서

10개월 동안 웅크리고 빛을 보았는데

나의 어머니가 나를 마주하여 그녀의 품에 안겼어

3살이 되고 7살이 되고 걸음마를 하고 말을 하고

성인이 되어 가면서 홀로 있고 싶은데

언제나 홀로 있지 않다는 게 어색할 때가 있어

결국 나는 혼자인데 이 조용하고 시끄러운 세상에서

홀로 있지 않다는 게 가끔 어색해

이 조용하고 아름다운 모든 세상을

혼자 보고 있지 않다는 것은

참으로 어색한 일이야

적색왜성(赤色矮星)

머나먼 태양계 떨어진 적색의 자그마한 별

보이지 않는 머나먼 우주 떠도는 행성은

아련히 멀어져 가는 작은 별

붉게 물든 초점에 태양을 마주하고

조용히 잊혀져 가는 작은 별

아름다운 은하수의 조용히 자리하고 있는 별 하나

내게 남겨진 희망

아 조망한 나의 세계여
이로운 마음 하나 둘 곳 없어
여기 저기 떠다니는 나의 영혼이여

내게 머물 수 있게 해 주던 고향은
시야에 멀어져 사라진 지 오래

내 희멀건 눈동자는 차오른 눈물에
투영해져 다시 기운을 내 보자 다짐하니

내게 남겨진 작은 세상
희미한 나의 눈물로 희망이 보이리

검은 고르덴

문디면
꺼스럽기도
부드럽기도

우여곡절 삼킨 검은 고르덴

손가락으로 그 아픔 저며 보아도

하얗게 눈 내린 먼지조차
뿌옇게 일어난 부시래기조차

손가락에 그 슬픔 문디네
그저 문디면 묘한 검은 고르덴

우산

해질녘 비가 떨어지며
우산을 꺼내는 모든 사람들

나도 섞이며 자연스레 꺼내는 듯

과연 이 사람들도 나의 얼굴을 알 수 있을까
비가 오는 정처 없는 이 거리 이 사람들
우산에 가려진 나의 얼굴을 알 수 있을까

그저 비를 피하기 위한 모두의 만남은
스쳐 지나가는 비와 같은 인연

우산에 가려진 나의 모습

나

나의 이불
나의 벗
나의 친구여

너를 섬기고 나를 잃었다

나의 침대에 몸을 누워
너를 덮고 너를 안으며

너를 품고 나를 잊었다

이 광활한 공간에
너를 못 잊어 나를 버렸다

나의 벗이여

제목 미상

아무도 모르게
난처한 이 없기를
무위도식에 취해
바라보는 것을 나태 말기를
피리 소리에 취해
장단 맞춰 옹호 말기를
아무도 모르게
취한 것을 들키지 말기를
무아지경에 빠져
듣는 것을 소홀히 말기를
향락에 빠져
슬픔과 아픔을 멀리 말기를
아무도 모르게
빠진 것을 들키지 말기를

나 자신도 모르게

잃어버리다

어찌 푸른 하늘에 나의 마음을 걸어 놓겠는가

떠다니는 구름 한 점 붙들어 매어 날고 싶어라

그러다 쏟아지는 소나기와 함께 나도 쏟아지겠지

운이 좋으면 진흙탕에 떨어져 나의 목숨도 살아나겠지

운이 나쁘면 차디찬 아스팔트에 누워 빨간 하늘로 날아가겠지

소나기는 그치고 지나간 자리는 조용하기만 할 텐데

나는 소리 없이 아우성치는구나

빛의 시위

벗어난 각도가 빚어낸 칼 빛의 춤사위
틀어진 시야만큼 조용히 울리는 빛의 시위
뒤틀린 행위에 반항하듯 꺾여진 나뭇가지
너머로 보이는 희미한 초경(初更)*의 끝을 시작하는
칼 빛의 춤사위

---

* 하룻밤을 오경(五更)으로 나눈 첫째 부분. 저녁 7시에서 9시 사이이다.

음악이 위로하며

묵직한 베이스의 강렬한 재즈는
가끔 마음의 위로가 되며

화려한 클래식의 웅장함에
가끔 잡아먹히기도 하며

시티팝의 향수로
그리움에 젖어 눈물을 흘리기도

음악이란 무엇일까

글로 허용할 수 없는 범위의
무한대를 가지고 있는 행위와 상징의 정체성
살아 있음을 느끼게 해 주는 존재하지 않는 물질

글로 적기에 벅차오름은 감출 수 없는 그것은
나의 부족한 표현력에 많은 것을 아끼겠다

거울에 비친 나의 모습

똑같이 생긴 존재는
자신의 존재를 자각하며
거울을 보는 마음을 모를 수도

치부가 심장 밖으로 드러나
거울과 닮은 모습에
고통이 목 끝까지 밀려와 잠길 수도

존재를 모른다면
슬픔의 고통도 모를 수도

작은 생명

하나같이 다 같은 것이라고
크건 작건

숨을 쉬고 내뱉는 모습이 다를 바 없는 것이라고

하나하나 소중하다는 것을
잊어서는 안 된다는 것을

고귀하고 고결한 생명의 소중함은
무게와 크기로 그 값을 매길 수 없다는 것을

작은 생명의 작은 축복은
하늘과 땅이 모든 것이 내린
작은 선물이라는 것을

좋은 사람

보고 싶은 사람
좋은 사람

그 이상도 이하도 아닌 그대

보고 싶다 말하니 더욱 보고 싶은 사람

걷고 있다

서늘함이 도는 숲속을 걷고 있다

차가운 공기가 나를 감싸고
조용히 나직하게 들려오는
직박구리의 울음소리

그 길을 나는 걷고 있다

비가 온 뒤 땅이 추적추적
나뭇잎 결 사이로 흐르는 이슬은 또르르

아무도 없는 그 공간을
나를 감싸고 반기어 주는

숲속의 길을 나는 걷고 있다

아물지 않는 아픔의 상처는

차갑고 맑은 숲속의 공기가 고요함으로 치유하며
슬픔도 함께 사라지는

그 곳을 나는 홀로 걷고 있다

나에게 건네는 말

아픔을 나눌 자 하나 없음을
아쉬워 말라
혼자 누릴 수 있기에 아픔인 것을
잊지 말라

아파하고, 슬퍼하고
홀로 있기 때문에 살아 숨 쉬어
버젓이 존재하고 있기에

아픔 또한 감사히 여겨
나누지 말고 독식하라

그 아픔 또한 배불리 삼키도록 하여라

별천지 뒷동산에

지고 또 지는 밤하늘의 별처럼
너 또한 함께 지고 지나가겠지
짊어든 별의 무게는 천 근과도 같기를

울어도 나의 눈물만큼 무게가 줄어도
별 도움 없이 별 감흥 없이 걸어가겠지

뒷동산 너머로 지는 너의 뒷모습과
밤하늘 너머로 지는 별의 모습이
닮았을 줄 꿈에도 몰랐지

꿈에도 너와 같이 나도 너와 같이
짊어든 별을 집어던지고 싶었지

별이 지고 사람은 울고 그곳엔
무겁던 발자국만 남았겠지
별천지 뒷동산엔 우리의 아픔만이 남았지

7부

의미

시야의 새

눈 한 쪽 잃은 새를
반대편에서 보아도
아무도 아픈 줄 모른다

새는 울고 우리는 듣는다
그의 음악을

아픔에 슬피 우는 것도
알아채지 못하고

이쁜 종달새
맑은 울음 내는구나 하며

그 작은 새
쳐다보기를 수십 번

눈물이 흐르고 한심함에 그지없기를

그 가엾은 어린아이 얼마나 아팠을지
즐겁게 웃는 인간 한 쪽 눈으로
희미하게 바라보며 얼마나 슬펐을지

그렇게
무지하게 쳐다보기를 수십 번

막혀 버린 시야

저만치 갔는데도

발걸음을 천천히 내딛는다
어디쯤 왔는지

아직은 몰랐다

천천히 계속 내딛는다

이제 얼마나 왔는지 볼까

아직 멀었구나

이만치 왔는데도

저만치 갔는데도

아직 저만치 가야 하네

손이 이쁜 남자

가늘고 기다란 손가락을 가진 남자
하얗고 뽀얀 손가락을 지닌 남자

부드럽고 온기가 가득한 두 손

주먹 꽉 쥐면 그 온기에 땀방울 천천히 흘러내리네

손이 어여쁜 남자는
그 이쁜 손으로 못난 얼굴에 타고 흐르는

붉은 눈물을 닦으며

아무렇지 않은 척 손을 뽐내

자신도 모른 채 지내고 있었네

새끼손가락

잘린 새끼손가락 장롱에 숨겨 두었다

외출할 때

아무렇지 않은 듯

무심하게 붙이고 문밖을 나선다

무의식에 새끼손가락은 거들고 있을 뿐

조용한 하루를 보내고

집에 돌아와

어제와 별반 다를 바 없는 듯

무심하게 새끼손가락을 떼

오늘은 탁상 위에 툭 하고 던져 둔다

미인(美人)

매끈한 다리
드러나는 윤곽선에 매혹 당하네

빛이 부서지는 광나는 얼굴에
나의 눈은 심봉사 저리 가라

그대만을 향해 팔 쭉 뻗어
그대만을 찾아 헤매네

머릿결을 타고 날아드는 향기에
취해 그대와의 몽상을 꿈꾸네

꿈속의 여인이여
그대여 나의 진정한 미인(美人)이니라

미인(美人)

못생기고 얼굴 가득한 주근깨
부르튼 입술에 입 안 가득 머금은 욕설
투박한 몸통 풍기는 악취
도통 여인으로 보이지 않는 존재
그저 사랑으로 보살핌 받지 못하였다네
그녀는 잘못이 없다

황홀경

핑 도는 눈물에
잠시 멈칫하는 것도 잠시
두 눈 멍하니
절벽 타고 흐르는 계곡물
부서지는 유리창의 파편들
입은 그저 동그라미 모양 띠고
내리는 태양에 유리창 파편 투명한 빛깔 띠며
비친 얼굴에 시원하게 감싸안네
그저 황홀경에 놀라 멈칫한 이 순간
내 이 기억 잊지 못하리

집

내 품 안에 그대가 없고

집이라는 현실 속에 나를 가둔다면

나의 마음은 무거워지고

늘 나는 덜어 내는 것이 일이다

깊은 잠

잠에 들고 깊은 잠에 빠져든다면
꿈을 꿀 수 없겠지

그날의 환상 속에 살아갈 수 없었겠지

눈 감았다 뜨면 아침을 맞이하고 개운하지만
나의 꿈을 기억하지 못하겠지

나의 날이 피곤하고 고되더라도
나의 꿈을 기억하고 환상에 날개를 피고 날고 싶었지

찰나의 순간을 잊지 못해 마주하다

봄바람이 불어와 내게 물었지

"멍하니 쪼그려 앉아 어떤 생각을 하니."

나는 먼 하늘 바라보며, 대답을 하였지

"겨울바람 지나고, 봄바람 네가 내게 불어오기만을 기다렸어.
아직 생각보다 바람이 차구나, 하고 생각을 하였어."

잠시 마주치고 지나가는 바람의 행보에
난 그 긴 여운을 놓지 못했지
긴 봄날의 터널 속으로 바람과 함께 빨려 들어갔지

나

혼자 노는 것도 능숙해야 해
나랑 내가 놀듯이
별 것 같아도
별 것 아니거든
혼자 태어나서
혼자 있는 것은 어쩌면 당연해
단지 잊고 지내던 것이니까
그저 혼자 지내도 마냥 좋은 거야

걸어가는 길

뚜벅뚜벅
저벅저벅

걸어가고 있다

고요함의 길에 연못을 거닐고 있다
우아한 연꽃이 고개를 들어 웃고 있다
나른한 미소를 지으며 눈을 마주친다

그날의 햇살은 나와 함께 웃어 주었다
어쩌면 이 순간 햇살에 녹아내려도 좋을 만큼

땅에 나의 뼈와 살이 스며들어도
나는 사라지지 않겠지

그날의 연못과 연꽃 그리고 햇살을 나는 기억하겠지

.
.
.
.
.
그들도 나를 기억할까

분홍비

비와 함께 꽃잎이 흩날린다
우중충한 먹색 하늘에 분홍 단비가 내린다

그저 바라보기만 할 뿐
의연함으로 이 거리를 걸어간다

땅따먹기

어릴 적 동네 애들 모여
굴러다니는 돌 하나 집어 들어
작은 평수의 니 땅 내 땅 나누어

땅을 빼앗고 놀던 그 때 그 시절

어른이 된 지금
돌을 움켜쥐어 보아도

그 시절 그렸던 그 작은 평수
한 획도 제대로 그리지 못하는구나

지금은 그리운
지나간 어린 시절의 발돋음

일기장

숨을 삼키며 마른 침도 함께 삼키며, 조용한 방 안 하루를 정리하는 글로 위로를 하며
곁을 줄 수 없기에 두 팔 벌려 나를 힘껏 안아 보기를 수없이 등은 간지럽고 내 손이 닿기를
한계에 이르니 이토록 외로움이 물밀듯 밀려오는 느낌이다. 별것 아닌 것에 감사하고
별것 아닌 것에 화가 나기를 이르길 결국 아무것도 아닌 것인 것을 잊은 채 살아가고 있다가를
반복하며 인간이라는 존재로 남아 숨을 쉬고 마시고 있다. 가끔 자연을 벗 삼아 떠나기를
꽉 막힌 숨을 압력에 터질 듯. 비닐에 바늘로 구멍을 내어 숨을 트여 주듯, 우리가 살아가고 있는 것이
별반 다를 바 없다는 것이 참으로 인색하다. 다른 성별에 다른 생김새로 다른 걸음걸이로 길을 걷는
사람들은 각 부모라는 조물주의 피조물로 태어나 살아가는 숙명이다. 거울을 보아도 가끔 내가
보이지 않을 때가 있기도 거울을 보지 않아도 내가 그려지기도 하

는 삶이기에 재미도 있다.
냉장고에 넣어 두었던 차갑게 식은 피자는 다시 데워도 이전의 그 맛은 아니지만, 그 나름대로의
맛이 존재한다. 상하지만 않는다면 완벽하지는 않은 상태로 재생의 허용 범위 수준이다.
김빠진 콜라는 정말 맛이 없다. 아니 설탕의 단맛은 느껴지지만 기분 나쁜 맛이다. 각자 다르지만
그저 이렇게 저렇게 살아가고 있다.

사람 사람 사람

사람이 흩뿌리는 향기에 나는 취하고 말았다
사람이라는 꽃씨에 마음은 봉우리를 피었다

잔혹한 사람이라는 글자에 꽃잎이 베이고 흩어졌다
물감이 서서히 퍼지듯 사람의 색깔이 깊이 베고 스며들다

사람이 그렇게 옷깃 스치듯 스쳐 가는 삶을 살아가다
사람은 사람을 낳기도 사람을 다치게도 사람을 치유하기도
사람을 죽이기도 하는 다채로운 향기와 물감의 활자인가

우주의 목소리

어딜 그리 바빠 가느냐
무엇이 그리 급해 숨을 헐떡이며 가느냐

너는 아름다우니 땀을 흘리지 말았으면 한다
광활한 우주의 한낱 작은 미물일지라도

소중히 여겼으면 한다

비범한 우주 안에 너의 존재는 단 하나뿐인 것을
잊지 않았으면 한다

별빛이 쏟아지는 밤하늘 아래
우주에서 내려온 자가 네게 말하기를

목 넘김

뜨거운 액체가 식도를 타고
흘러내린다

속이 쓰려 온다
가슴을 부여잡고 찬 공기 들숨 내쉬며

뜨거운 속 말려 가는 속
부여잡아 본다

내 목구멍이 막힌다 해도
이 뜨거움 잊지 않겠다

잊지 않고,
또 잊지 못할 것이다

놀이터의 그네

삐그덕거리는 그네의 울림에
잔잔하던 바람도 서서히 불어오네

가슴 속 고여 있던 물웅덩이
잔잔한 바람의 울림에

미묘하게 일렁이기 시작하네

새로운 시작을 알리는 그네의 출발은
앞으로 뒤로 왔다 갔다

잔잔하던 울림의 시작이
살아 있음을 알리는 미동이라는 것을

서서히 알리기 시작하였네

나의 놀이터에
아이들이 찾아오기 시작하였네

서울의 삶

매연과 돈 냄새
붉은 불빛의 향락과 놀음
잊혀진 동심

얼룩진 셔츠 찢어진 치맛자락

"지우개는 똥이 남는다"

무쓸모

잠을 자다 허공에 미소를 지으며 웃음을 낭비하다

나의 표정에 놀라 잠을 깨고 밤과 잠을 뒤척이다

모두 쓸모없는 행위일 뿐

모두 부질없는 잠꼬대일 뿐

그저 하릴없이 헤엄칠 뿐

요정의 날갯짓

지나온 시간에 스쳐 지나간 요정의 날개
비같이 내리는 칼날 속 스쳐 지나온

거룩한 요정의 날개여

날갯짓으로 시간을 되돌릴 수만 있다면
한 번만이라도 제발 단 한번만이라도

되돌릴 수 있다면
요정에게 부탁하노라

고귀한 당신의 아름다운 그 날개로
단 한 번의 날갯짓이라도

나의 야망을 위해
나의 욕망을 위해

고귀한 요정의 날개여
그대만이 유일한 나의 희망이노라

이토록 화석 같은 발자국은 없었다

다녀간 발자국이 짝을 이루어 맞추는구나
제 짝을 찾아 흙 튀기는 신
포개어 맞추나, 세월이 흘러
그 흔적도 희미해져 가는구나

화석처럼 굳게 굳은 발자국은
보이지 않는 무덤 속에 묻혀
더 이상 마주할 수 없는
더 이상 짝을 이룰 수도

자국의 입술을 포개어 맞출 수도 없는구나
썩어 가는 시체의 남아 버린 뼈만이
기억하는 발자국의 화석은
사라진 세월의 흔적으로 다시는 맞출 수 없으리

회고록(回顧錄)

불행하다 여기던 모든 것들은
아름다운 순간을 외면한 나의 모진 마음이
나를 아프게 하였다

이 세상은 오늘의 하늘처럼 이토록 맑은데
덧없이 높은 세상 나는 가장 낮은 곳에 자리하여
푸른 하늘 우러러보며 나를 치유하고, 회유하다

8부

슬
픔

연민의 피날레

하염없이 울어대느라
울대가 다 쉬어 나가 버린 것처럼

쉼 없이 울다 지쳐
기력 다해 주저앉아

눈물에 회색빛으로 물든 하얀 소매
찢어

깃발 시늉마냥 흔들어대네

이제 끝내겠다고

정사(情事)

해가 지고
방 너머로 들려오는
애잔한 신음 소리

젊은 두 남녀의 미래 없는

오르막길 내리막길

절정에 이르러 땀에 흠뻑 젖어
서로가 태초에 하나인 듯

다신 내일이 오지 않을 사랑을

그들의 정사(情事)*는
다신 내일이 오지 않을 정사(情死)**를

* 두 남녀 간의 사랑
** 뜻을 이루지 못한 두 남녀의 자살

기억상실증

거리를 걷다 문득 멈춰
내가 무엇을 기억했는지
내 사랑하는 사람이 누구였는지
기억의 길을 걷는다

다행이다

아픔 또한 기억이 나지 않아
아무런 슬픔도 행복이 존재하지 않는다

기억을 잃고
기억의 길을 걸어 보지만
왔던 길거리는 텅 빈 거리
나 홀로

나비

나비야 아름다운 나비야
소원을 들어 다오
나도 너처럼 꽁꽁 감싼 이불 속에서 나와
아름다운 날갯짓을 하고 싶어라

나비야 자유로운 나비야
내 얘기를 들어다오
그 예쁜 꽃들과만 이야기를 나누지 말고
나와 함께 이야기를 나누어 다오

나비야 가냘픈 나비야
나와 함께 걸어 다오
그 가냘프고 화려한 날개는 잠시 저버리고
잠시 나와 함께 걸어 다오

후유증

지나간 자리에 남겨진 아픔은
홀연히 떠나간 병이 남긴 또 하나의 병

지나간 아픔이 출산한 새로운 아픔
또는 슬픔

조용한 자리에 너무 커다란 후유증은
밀려오는 파도에 휩쓸려 버린다

아무도 모를 하나의 병은
홀로 안고 짙어져 가는 흉터임을

또는 추억임을

가난이라는 누명

그저 물려받은 것이 아닌 누명
돈이 없고 집이 없다 해서
나의 행복은 거짓이 아닌데
가난이라는 누명 아래
나는 그저 슬프고 외로운 사람
나의 행복마저 누명을 씌우지 말아 주오
내가 가진 것 하나 없다만
가난이라는 누명을 내게 씌우지 말아 주오

뒷동산 여행

까칠한 잔디밭 꼬질꼬질한 코흘리개
뿌연 삼베옷 흙과 한 몸 되어 뒹구르르

내일 보잔 말 한마디에 쪼르르
아침이 되길 기다리다, 할미가 해 준
뜨끈한 솥밥 든든히 먹고

뒷동산 어스름 중턱에서 만나
아이들의 여행을 시작하네

눈 감으면 보이는 일곱 살 남짓 아이들의 세상
뒷동산을 헤매고 헤매는 여행은 해가 중천이 되어
여린 볼살 젖살 그득한 볼살 수줍은 듯 빨갛게 그을리네

노을이 지고 햇님이 우거진 풀숲에 몸을 감추기 시작할 즈음

하나둘씩 내일 보잔 말 한마디와 함께 뒷동산 너머로

여행을 마치고 귀향하는 나그네, 오늘도 흙투성이 차림에
웃음 그득히 머금은 볼살 흔들며 뛰어가네

적에게 삼켜진 눈물

이루 말할 수 없는 감정이 밀려와
가슴을 쥐어짜고 바늘로 찔러 보지만

적에게 삼켜진 닭똥 같은 눈물은
쥐도 새도 모르게 사라진 지 오래

여느 때와 다름없이 살았건만

달라진 내 모습에 당황조차 하지 못하는 모습은
그 아무도 모르게 사라진 지 오래

입 꼬리는 내려가고 눈동자는 먼 곳을 바라보며
적에게 삼켜져 사라진 나의 눈물은 어디로

젖은 새벽에 드리우는 물방울

젖은 새벽에 드리우는 눈물은
밤새 내린 빗방울 고인 눈망울
젖은 두 눈에 감긴
어둡게 잠긴 호수

축축하게 젖은 나의 새벽에
드리우는 물방울 고인 눈물 흘려보내리

잠깐 들렀다 가는 물방울
남 볼 새라 새벽에 조용히 왔다가리

젖은 베개 나만 아는 그 새벽의 비밀

철쭉 지는 날

철쭉 지는 날에
너 떠나리

바람 불고 비 내리는 날
철쭉의 잎도 떨어지니

내 님의 손목 붙잡지 않으리
그동안 안녕했다고 인사하니

후의 올 철쭉과 함께 오지 않아도 되니

님의 계절과 함께 살아가리
나 또한 나의 계절에 머물고 지키리

철쭉 지는 날에
너 떠나리

흩어져 간다

용케 찾아낸 빛살에 내리쬐는 따스함은
구름이 내리면 사라지고

담배연기 같은 먹구름이 걷히는 날엔
은연중 흩날린 많았던 말들과 날들의 연속

걸음이 느려 지체된
인적 드문 골목길 어귀

빛을 쫓는 사내는 급작스런 소나기에
느려진 발걸음 뜀박질로
앞만 보며 내디뎌 달리는 그 거리

풀내음이 자욱하더라
슬픔만이 가득하더라

애잔한 목소리의 그대

잊은 줄 알았건만

기억은 살아 있었구나

조용히 들려오는 그대의 목소리에

이른 아침 잠에서 깨어

슬픔에 목이 메고

고독에 숨이 막히는구나

나의 이름을 부르는 그대의 애잔한 목소리는

도무지 잊을 수가 없구나

나의 생각아 나의 기억아

나를 아프게 하는구나

이른 잠에서 날 깨어 주오

이른 아침에서 날 일으켜 세워 주오

좋지 않아서

모든 게 너무 좋아서
좋지 않았어

이 모든 게 꿈일까 봐
나를 아프게 할까 봐

뾰족한 가시가
나의 심장을 찌르고 있는지도

나는 마취에 취해
아픈지 모르고 모든 게 좋았어

그래서 좋지 않았어

아픔이 없어 아팠고
슬픔이 보이지 않아
슬퍼 슬퍼 울었어

모든 게 좋지 않아서

눈물 한 방울

나 몰래 흐르던 눈물 한 방울

나도 몰랐던 슬픔

남몰래 울지 않으려 애쓰다

나조차 몰래 흘리게 된 한 방울의 눈물

거울을 보니 붉게 충혈된 눈망울이 말을 하고

슬픔에 지친 얼굴의 낯짝이 진실을 토로하다

아무 말도 없이 우두커니

너의 도톰한 입술에 흘러나온 매혹적인 언어
나의 심장을 녹이는 아름다운 단어

두 손 마비되어 널 품지 못해
너에게 서운함을

난 그저 아무 말도 없이
우두커니 서 있을 뿐이야

널 아프게 할 생각은 없었어
너의 그 아름다움을 상처 입히고 싶지 않았어

그 아름다움에 내가 베이고 싶지 않았어

나는 그저 아무 말도 없이
우두커니 서 있을 뿐이야

그게 내게 전부이니까

감기

몸에 열이 39도가 넘는다
펄펄 끓고 현기증이 난다
누군가 죽을 사다 주면 좋겠지만,
바랄 리가
반 죽어 가는 몸 이끌고
힘없는 팔뚝으로 냄비를 젓는다
간장 슬쩍 둘러 안간힘으로 두 숟갈 입에 갖다 대기를
숟갈 들 힘도, 앉아있을 힘도 없다
목구녕으로 힘겹게 알약 서너 알 삼키고 침대에 몸을 뉘인다
아 온몸을 누가 망치로 내리친다 아프다
근데 아무도 없다
조금 자고 일어나면 괜찮겠지

주머니에 넣어둔 고기조각

이따금 꺼내 먹으려 아껴 둔 고기 한 조각
반대편 주머니에 고이 말아 접어둔 쌈 채소

차가운 겨울바람에 따스하던 고기는 차갑게 식어만 가고
싸늘한 냉기에 싱싱한 쌈 채소 고이 얼어 버렸구나

핏물 뚝뚝 떨어지는 고기
물 떨어지던 쌈 채소

차츰 젖어 가던 주머니 건너
코트에선 피 비린내 슬며시 올라오는구나

배가 불러 주머니에 슬쩍 넣어 두었더니
아무것도 먹지 못하게 되었구나

어째 이토록 슬프니

어찌하여 다시 마주할 기회를 주지 않니

내 고기 조각은 제자리에 있었어야만 했구나
어째 이토록 가혹하니

애기님

떨어지는 꽃잎을 향해 손을 뻗었다
느껴지지 않았지만
손을 펼친 순간 내 손바닥에
애기님이 안겨 있었다

느껴졌다
보드랍고 여렸다
손바닥을 활짝 펼치는 순간

바람과 함께 내 곁을 떠나갔다

연꽃의 저주

나의 연꽃이 저물고

그날의 향수가 떠올라

눈물을 훔치었다

그저 얄팍한 저주가 아픔을 과장했다

잎이 떨어지고, 넝쿨에 몸이 감싼 채 잠들다

거리의 춤꾼

그 곳 거리에서는
쩔뚝쩔뚝 다리를 저는 춤꾼들이 즐비했고,

바람에 날리는 꽃들과 같이
다리도 하늘하늘 흔들리듯 보였다

춤사위는 예사롭지 않았다
저마다의 사연에 한이 맺힌 걸음걸이

먼 곳에 시선을 둔 채
다른 공간을 무시한 채

그들만의 춤으로 행하는 거리에
발자취를 남기며 사라져 갔다

지나간 자리는 슬픔이 고여
눈물의 발자취를 남기었다

절제된 아름다움

그저 좋다고 매일을 함께할 수 없기에
아낌의 그늘 아래 널 가둬 두어

아끼고 행복하겠다고
나흘에 한 번 사랑을 나누겠다고

고된 삶의 나날이 길어져
나흘이 길어져 함께하지 못하기에
아름다움의 액기스는 깊어져만 가는구나
볼을 타고 흐르는 아쉬움의 촛농은
따사롭고 뜨겁게 은총으로 불타는 듯하는구나

너의 볼을 감싸 안아도 되겠니
이 짧은 시간의 기억이란
영원한 축복은 존재하지 않으리

엉덩이 춤을 춰요

흥에 겨워 즐겁게 춤을 추며 즐겨요
박자에 맞춰 엉덩이를 흔들어요

이쪽 저쪽
박자를 타며 엉덩이 춤을 춰요

씰룩 쌜룩
위로 아래로 좌로 우로

다 같이 팔짱끼고 엉덩이 춤을 춰요

꿈에

매일 꾸어도 같은 꿈을 꿀 수 있다면
얼마나 좋을까

이토록 아름다운 순간을 누릴 수 있다면
얼마나 좋을까

이 꿈이 잠에서 깨어나 산산조각 난다면
얼마나 끔찍할까

매일 꾸어도 같은 꿈을 내게 안겨 준 당신
아침에 깨어나 밤에 잠이 들고

악몽 같은 삶 속에서
꿈같은 그대가 매일 나와 같은 꿈을 꾸는 꿈에
볼을 꼬집고 살결을 긁히어 보고

아프기에
이토록 아름다울 수가

9부

삶

백단향

시선에 감춰진 나의 진실은

머물러 있던 저기 저 백단 속여

진실을 감추고 행복을 띄우고 있네

사랑에 목이 마르지 않아

아픔에 목이 말라 가고 있어

백단은 무료하게 시간을 허비하지 않아

백단과 마주하여 앉아 보니

나의 사랑과 아픔에 진실을 표하네

무제(無題)

사고와 물체의 심오함의 정답을 매길 수 없는
인간의 한계를 증명하는 간단하나 헤아릴 수 없는

폐림지

퀴퀴한 냄새 사이로 지나는 빛줄기
썩어 가는 공간 속 흐르던 얇은 물줄기

파여진 홈 작게 나직하게 자라나는 작은 새싹

썩어 가고 피폐하던 그 공간
인간이 발을 들이고 숨마저 쉬기 힘든 공기

빛줄기 물줄기 간절함의 기적으로
새 생명이 자라나기 시작하네

무너진 하늘에 솟아나는 생명은
우리에게 희망을 선사하네

인과 연

주마등처럼 스쳐간 시간은
그저 옷자락 붙잡고 연연해온 인연임을

그땐 알면서도 모르는 척
먼 곳만 바라보고 등 돌렸지만

이제 알겠어요

이미 저만치 가 있는 내님은
더 이상 내님이 아님을
우린 그만두어야 할 연인임을

인과 연이란 삶에 주마등 불빛마저
깜빡거리며 멈추어 갑니다

음력

너의 그믐을 안고 가리라
잊혀진 막날을 장날로 노래하니

어설픈 연주라 할지라도

곡절에 너의 그믐 내가 안고 가리라
그러니 걱정 말거라

이 달이 지면 너의 그믐도 물러가리
너도 모르게 잊혀지리

자연의 섭리

원초적 본능에 의거한 끌림
어쩌면 자석이 서로 밀어내듯

때로는 멀리 보내야 할
절대적 필연적 이유

사라지지 않는 닿을 수 없는
닿지 않는 사라질 수 없는

영원한 반대라는 끌림은
어쩔 수 없습니다

스물여섯의 사내

이렇게 스물여섯의 일주일은 차츰 지나가네
지난날의 나는 조용히 묻어 두네
하루가 다르게 담담함 속에 묻혀 가네
매해 다른 나와 함께하네
무덤덤한 표정은 마치 지난날을 대변하네
얇던 비늘은 허물이 되어 흩날리네
꽃잎 되어 흩날리고 있네

사무치는 기억에 나를 잊었노라

걸어가는 이 거리는 눈물이 앞을 가리는 거리라고
사무치는 기억에 한걸음 한걸음이 고통이라고
열 길 앞 천리만리 한치 앞도 모르는 인생이어라

지나온 거리를 잊은 줄 알았건만
태풍처럼 몰려오는 기억에 나를 잊었노라고
어째서 나를 잊고 기억을 잊지 않느냐고

내 앞길을 누가 보았다고 그리 말하느냐고
모자란 내 발걸음이 부족하다고 주저하지 않겠노라
잊혀지지 않는 기억에 나를 잊지 않겠노라고

사무치는 기억에 잠시 나를 잊었노라
다시는 나를 잊지 않고 사랑하리라고
지나온 거리에 슬픔 묻어 두고 나를 잊지 않겠노라

보라색

지독한 멀미는
나이를 먹어도 도무지 낫지를 않는다

울렁거린다

보슬보슬 피어나는 비눗방울
보랏빛 선율 맺힌 유리구슬

툭 하고 건들면 깨지는 영원한 아픔

삶의 무의미

무의미한 삶은 존재하지 않기에

무의미의 의미 또한 존재치 아니하고

살아갈 이유를 잃었다면 숨을 쉬고 내뱉는다면

그것이 살아갈 이유로 충분하기에

삶의 무의미는 존재하지 않으리

한 맺힌 노래

무지하고 무자비한 인생아
세속의 삶에 녹아 물들어 버린 사람아
아픔을 잊고 살아가는 것이 가장 어렵구나
이 어찌 비통하고 서글픈 삶이란 말이냐
기억을 잃고 모든 것을 잃어 가진 것이 없어도
내 과연 살아갈 수 있을 것인가

제아무리 욕심을 버려도 가능한 인생이란 말인가
고난과 역경의 삶이 도(道)를 잃어 불선(不善)의
길로 가겠다면 과연 말릴 자가 어디에 있단 말이냐
세월아 인생아 사람아 지키고 부수고 쟁취하고 잃고
사는 것이 모든 것이었구나

담담하게

여기에도
 저기에도
이러쿵
 저러쿵
내가 보이지 않아서
 내가 보지 못해서
그런 거야
 저런 거야
어쩌면
 저쩌면
이럴 수도
 그럴 수도
있겠지
 없겠지

내 생의 가장 아름다운 순간

지금이다

멸망의 세계

차디찬 바람이 불고 땅이 얼어
온몸이 서려 파르르 떨고 있을 때

하늘에서는 오색빛깔 찬란한 눈이 내린다
빛은 밝고 어둠은 어둡다
이 세계가 멸망에 다가가는 순간에
나는 계속 숨 쉬고 있다

얼마 지나지 않을 시간을 낭비하지 않고
그저 계속 숨을 쉴 것이다

모두가 혼돈 속에 뒤흔들리고 있을 때

그렇게 점차 세계가 멸망에 다가가는 날
어쩌면 나의 세계는 영원할 것이다

너라도 살거라

봄은 지나가고
여름이 피어난다

풀벌레가 날아다니고
개구리가 소리친다

세월아 아픔아
논두렁에 숨 쉬는 작은 우렁아

황새 피해 목숨 부지하는 너를 보니
나는 살아야겠구나

봄 사라지고 여름이 사라지고
가을이 오더라도

나는 살아야겠구나

삶이라는 것은

저마다의 다른 강물에 흘러가고 있습니다. 비가 거세게 내려서
강물이 범람해 평화롭던 마을을
덮치기도 하며, 마른 가뭄에 강물이 말라 가며 온 동네
마을 사람을 괴롭히기도 하죠. 잔잔하게
흘러가던 강물도 이리저리 요동치기 일쑤입니다. 각자
강물의 흐름은 다르지만 물이 위에서 아래로
흐르는 것은 당연합니다. 맑고 투영한 순간을 기억한다면
때론 크게 일렁인다고 붉게 뜬
두 눈동자 흔들리지 않을 것입니다.

섬의 꽃

꽃은 꽃이요
봄은 봄이로다

제주도 해풍 딛고 자라난
너희에게 박수를

내게도 꽃내음을 주었으니
나도 너희처럼 자라나리

해풍과 함께 꽃시 날아가리

사계(四季)

봄, 여름, 가을, 겨울
수북한 털은 지난 계절에 함께
밀려가는 양떼처럼

이른 봄이 바람 타고 날아와
개나리의 꽃은 노란 물감에 적시우고

서늘하나 따뜻한 갈색의 계절은
가을을 물어와 밤과 함께 노릇노릇 익어 간다

사계의 순환은 시계의 시침, 분침, 초침이
겉돌다가도 맞물기도 하는
시간의 연속인 것을

사계의 시간은
지나가는 것을

무지개의 변론

강렬한 태양의 그늘 아래
찬란한 무지개는 변함없이

마음에 찾아와
미끄럼틀을 태워 주고는 한다

내 나이
열이 되어도
스물이 되어도
서른이 되어도
마흔이 되어도

화창한 봄날 문득 마주한 무지개는
나의 가슴에 놀이터가 되어 주고는 한다

쪼개진 틈 사이로

새어나온 구멍에 비춰진 모습이
흐릿하게 보이는구나

쪼개진 틈 사이로
희미하게 보이는구나

쪼개진 틈 사이 더 쪼개자니 무섭고
쪼개진 틈 사이 메우자니 두렵구나

이러지도 저러지도
나도 나를 잘 모르겠구나

10부

죽음

타들어 가는 바람

바람이 머금은 향기는
연기 자욱하게 내뿜으며

조용히 타들어 가네

거룩한 이 밤에 드넓은 벌판에
모락모락 피어나는 모닥불에

조용히 속삭이네

바람과 함께 고요한 숨소리도 함께
조용히 타들어 가네

러시안 룰렛

죽음이 나를 피해 간다면

나는 무엇을 피할 수 있을까

떳떳할 수 있는 삶을 지속하는 건가

독기

독기가 가득하다
뱀에게 물린 듯
팔에 힘이 들어가지 않고
머리가 핑 돈다

혈색이 차가워지며
정신이 혼미하다

이제 끝이로구나

이 나약한 무기력의 독이
나를 묻어 영면에 들게 하는구나

내가 눈 감는 그날까지 품어 왔던 독이
내가 잠기고 내게 퍼지는구나

인간모습

살은 인간은
 여지를 남기고
잔흔을 남기며
 향기를 기록하지

기록된 모든 것은
 그 사람의 모습으로
기억하니

죽은 인간의
 모습 또한
쉽게 기억할 수 있을까

보이지 않는다면
 기록도 보이지 않으니

인간이라…

많은 시간과 노력을 들이고
여유를 갖는 모습의 모순은
여유에 대한 모순의 예

여유란 그런 것일까

느리게 살아가는 삶은 죽음에 한 발 치 다가가는 것을
두려워하는 인간 실존의 모습의 예

접근하며 한 발 치 멀리 떨어지며
도무지 닿을 수 없는 깊은 먼 곳으로

미몽(迷夢)

허황된 벼루에 담긴 먹물
붓으로 조심스레 떠다
한 획 두 획 그어 나간다

迷 미혹할 미
夢 꿈 몽

무언가에 홀려
정신을 차리지 못한다

벼루를 던지고
온 사방에 먹물 자국이 남는다

그제서야 깨어 드는 정신
아무런 기억조차 없다

죽음

죽는 것이
두렵다면 그것은 거짓일 것이다

사랑하는 이를 보내는 시

죽음의 이별을 준비하며
지나간 옛 세월을 회상하는 나그네는
이미 쉬어 버린 목소리로 사랑한다 전하며

아픈 줄도 모르고 지나온 세월
홀로 버티고 홀로 살아가던 세월

죽음은 조만간의 친구가 되어 다가와
인사를 건넬 텐데

두렵지는 않은지
아쉽지는 않은지

슬픔에 속은 썩어 가고
고독에 심연으로 다가가는 이별을 준비하고
그저 지켜볼 수 없는 감정은 침묵으로

사랑하는 이를 보내는 시

부귀영화(富貴榮華)

화창한 날씨
호랑나비의 춤사위

바람에 일렁이는 해바라기 잎사귀
숭배와 기다림의 노래

꿈의 하늘에 날아
도착한 그 곳은 나의 무덤일 수도

그 곳에 서
눈을 감아 본다
부귀와 영화를 느껴 본다

높은 곳에서 내려온 빛
영원히 내려쬐며 함께 녹아내린다

사진 한 장

빛바랜 사진 한 장을 바라보며
한잔을 기울이다

알코올로 지나간 상처를 소독하리

십 년이 지난 지금에 잊었던 기억
서랍 속 묻어 두었던 기억 회상하리

낡은 사진 한 장
낡아 헐은 테두리는 마치
나의 심장의 상처를 대변하듯

서랍 속 묻어 두었던 심장을 꺼내 보니
낡고 차갑게 식어 있었다

여행길

떠돌아다니며 맛보는 여행의 길
그 위에 고로 나는 서 있다

지나오는 여정에 멈춰 버린 미각들은
잊혀져 가는 기억 저 무덤 속에

잊어가는 맛에 새로운 미각의 체험은
여행의 길이 존재하는 이유

떠도는 양탄자와 같이 신밧드가 되어
긴 여정을 맛보며

모래바람과 함께 사라지고 싶어라
기억하지 못하고 싶어라

삶과 죽음

죽어 몸을 눕는 날이 오기를
기다리고 숨을 들이쉬고 내쉬며

마구간 마들에게 곡식과 곡물을 나눠주듯
당연한 숨결을 들이 마시며

눈을 감고 저 나라로 가는 날을
기다리며

살아가고 있네
그러다 점차
사라지고 있네

죽어진 그림자

걷다 보니 따라오지 않는 그림자
해가 정오를 넘겨 서쪽으로 지지만
그림자 저만치 멀리 서 있어
아니 누워 있어

다시 돌아가 재촉하지만
미동도
꿈쩍도
없는 죽어진 그림자

내리쬐는 햇빛에 살갗은 뜨겁지 않고,
몸의 한기가 내리지만, 닭살은 돋지 않고

꼼짝 않는 그림자 주변으로
걸어들 오고 있어

그림자는 죽었어

머물다 간 영혼들

푸른 잎이 바람과 함께 떨어지는 날
지친 나 어깨에 살며시 기대었죠

이리도 지나가는 생이 안타까워
잠시 곁에 머물다 떨어졌죠

아픔은 잎사귀에 이슬처럼 머물고
나에게 맡기고 그대 떠나가오

지친 어깨 훌훌 털어 내고
나 역시 바람과 함께 시야에 보이지 않는
어느 머나먼 아득한 그 곳으로 사라져
깊이 또 깊이 기억하겠어요

환향(還鄕)

세월에 춤추는 낙엽은
바람에 머물러 지나가
하물며 어린잎 태어나

삶의 고뇌를 헤아릴까

바람은 떠돌고
세월은 머물고

사람은 사라지고
기억은 영원하고

사랑은 태어나 죽어
가져가기를 참으로 소중하더라

여운

평화를 염원하던 숱한 마음들이 머물렀던

그곳엔 나비가 안녕이라며 떠나갔네

새싹

날이 좋아서 죽음을 택했다면, 부디 그 자리에 햇살을 머금고 새싹이 자라나기를

잠시(暫時)*

누군가를 위로하여 나의 마음의 상처를 치료한다
그까짓 삶의 희망이 무엇이 중요하다며 아픔을 멀리하다

죽어 가는 숨소리
쉬어 가는 목소리

아픔은 잠시 우거진 거미줄에 옷걸이와 함께 걸어 둔 채
아픔과 함께 구겨졌던 옷매무새를 다지다

잠시 저는 죽어 가는 중입니다

---

* 죄수의 목을 칼로 베는 순간처럼 짧은 순간

낮의 뜬 달

ⓒ 한창민, 2025

초판 1쇄 발행 2025년 5월 7일

지은이	한창민
펴낸이	이기봉
편집	좋은땅 편집팀
펴낸곳	도서출판 좋은땅
주소	서울특별시 마포구 양화로12길 26 지월드빌딩 (서교동 395-7)
전화	02)374-8616~7
팩스	02)374-8614
이메일	gworldbook@naver.com
홈페이지	www.g-world.co.kr

ISBN   979-11-388-4258-7 (03810)

- 가격은 뒤표지에 있습니다.
- 이 책은 저작권법에 의하여 보호를 받는 저작물이므로 무단 전재와 복제를 금합니다.
- 파본은 구입하신 서점에서 교환해 드립니다.